HANNE JUUL

FIT & VITAL MIT
Low Carb

h.f.ullmann

Wenn Sie Interesse an unseren Büchern haben,

z.B. als Kundengeschenk oder eigene Sonderausgabe, freuen wir uns auf Ihre Anfrage.

Tel.: +49 (0) 331/23 624-0

oder per E-Mail: info@ullmann-publishing.com

© JP/Politikens Hus 2015
Originaltitel: *Diætistens Low carb. Spis dig slank og mæt*
ISBN 978-87-400-1966-7

Redaktion und Projektleitung: Torben G. Skjoldborg
Externes Lektorat: Gudrun Kragelund
Grafik-Design: DasRotesRabbit
Fotos: Frederikke Heiberg
Repro: F. Hendrikses Eftf.

© für diese deutsche Ausgabe: h.f.ullmann publishing GmbH
Sonderausgabe
Übersetzung aus dem Dänischen: Elke Adams
Satz: ce redaktionsbüro für digitales publizieren

Gesamtherstellung: h.f.ullmann publishing GmbH, Potsdam

Printed in Poland, 2016

ISBN 978-3-8480-1001-1

10 9 8 7 6 5 4 3 2 1
X IX VIII VII VI V IV III II I

www.ullmann-publishing.com
newsletter@ullmann-publishing.com
facebook.com/hfullmann
twitter.com/hfullmann

Inhalt

4   **VORWORT**

6   **NATÜRLICH ABNEHMEN OHNE HUNGER**

12   **KICKSTART INS NEUE LEBEN**

29   **REZEPTE**

30   *Frühstück*

46   *Zwischenmahlzeiten*

66   *Zweites Frühstück*

84   *Hauptgerichte*

134   *Beilagen*

142   *Gebäck und Süßes*

154   **ZUBEREITUNG**

158   **REZEPTREGISTER**

VORWORT

Wie viele meiner Teilnehmer von Diätkursen haben auch Sie sicherlich versucht, Proteinen ewige Treue zu schwören und halten Kohlenhydrate für das Pech und Schwefel der Ernährung – oder umgekehrt. Und Sie hoffen, dass ausgerechnet diese Diät die „Überlebensstrategie" in Ihrem ohnehin schon randvollen Zeitplan sein wird, damit Sie endlich diese lästigen 10 Kilo verlieren. Als Anfang. Mit moderatem Druck klappt es vielleicht sogar, dass Ihr Lebenspartner mitmacht.

Und tatsächlich: Meist funktioniert es ganz gut – zumindest in den ersten Wochen. Aber es gibt da ja noch Ihr ganz normales Leben. Ein Leben, in dem Sie nicht immer Zeit haben, jeden Morgen die ökologische, frisch gefangene Makrele zu grillen und nach Feierabend in den Bioladen zu gehen, um Diätnudeln aus 96,2 Prozent Wasser zu kaufen. Ein Leben mit Konfirmationen, Hochzeiten, Beerdigungen und Zitronenkuchen in der Kantine. Ein Leben, in dem die Mahlzeiten für die ganze Familie zubereitet werden müssen, und es nicht wirklich cool ist, wenn der treue Partner mit Fasten geknechtet wird, während der Gesichtsausdruck der Kinder der Zitrone ähnelt, die Sie gerade zum Fisch serviert haben.

Eine Diät kann effektiv sein, wenn Sie in Rekordzeit wieder in die Jeans aus Ihren Jugendjahren passen möchten. Sie wirkt aber nie langfristig. Bei einer Diät lernen Sie nämlich nicht, was richtig essen bedeutet und wie viel Nahrung Sie nach diesem Meilenstein in Ihrem Leben zu sich nehmen können, um Ihr Gewicht zu halten. Sobald das Ziel erreicht ist, will der innere Dämon heraus. Dann wird gefeiert! Denn wer will schon sein Leben mit einem Motivationstrainer in Sachen Abnehmen verbringen – auch wenn der noch so charmant ist?

Gesundheit ist ein Lebensstil – keine Religion

In diesem Buch möchte ich Ihnen Abkürzungen durch den undurchdringlichen Dschungel zeigen. Sie lernen, wie Sie ganz normale Mahlzeiten aus Ihrem ganz normalen Supermarkt für Ihre ganz normale Familie zusammenstellen, ohne Ihren Tagesablauf radikal zu verändern, sodass Sie die Kilos verlieren, die Sie sich erträumen. Dieser Weg führt über den Blutzucker. Das Geheimnis hinter dem hohen Gewichtsverlust meiner Kursteilnehmer steckt nämlich weder in moderner Kochkunst, noch in Spezialprodukten oder anderen Kunstgriffen. Sie müssen nur Ihren Blutzucker in den Griff bekommen, dann bleiben Sie satt – lange. So einfach ist das. Ohne Peitsche. Ohne Hunger.

Natürlich ist es nicht egal, wie viel Kalorien Sie bei Tisch im Verhältnis zu Ihrem täglichen Energieverbrauch in sich hineinschaufeln. Wenn Sie jedoch nicht lernen, Ihren Blutzucker zu stabilisieren, können Sie noch so viele tolle Kalorientabellen zur Hand nehmen – Sie werden Ihr Gewicht nicht halten, denn der Hunger wird Ihr ständiger Begleiter sein.

Wenn Sie durch die Ernährung Ihren Blutzuckerspiegel in den Griff bekommen, vermeiden Sie Unterzuckerung, wenn Sie durch den Supermarkt streifen. Sie vermeiden tägliche Hauruck-Lösungen, die auf Ihren Hüften landen und haben mehr Energie für all

die Dinge, die das Leben schöner machen.

Ein Leitfaden für die Praxis

In diesem Buch finden Sie eine Einkaufsliste. So können Sie Ihre Schränke, Regale und Schüsseln schnell mit den guten Dingen füllen, die auf Ihrem Weg hilfreich sind. Sie lernen, wie Sie die Hauptmahlzeiten für die Familie in der Praxis ganz einfach zusammenstellen, sodass der Alltag weiterläuft. Und Sie bekommen 64 leckere Rezepte aus meiner Küche, von denen Sie sich inspirieren lassen können. Für zusätzliche Unterstützung sorgen jeweils fünf Vorschläge unter den Rezepten der Mahlzeit-Kategorien, die es besonders einfach machen, die richtige Nahrung schnell und unkompliziert auf den Tisch zu bringen.
Denn wer behauptet eigentlich, dass es wehtun muss, wenn es besser werden soll? Ein Leben mit Energie und einem gesundem Lebensstil wartet nicht nur auf die Wenigen, die es sich leisten können, oder dafür Zeit und Energie haben. Ein gesundes Leben ist für jeden möglich. Und meine geschätzten Kursteilnehmer zeigen mir täglich, wie es geht.

NATÜRLICH ABNEHMEN

ohne Hunger

**WENN SIE 5, 20 ODER 60 KILO ABNEHMEN MÖCHTEN,
SIND SIE AUF DEM RICHTIGEN WEG!**

Dieses Kapitel zeigt Ihnen, wie Sie Ihre tägliche Aufnahme an Kohlenhydraten, Proteinen und Fett zusammenstellen, um Ihren Blutzuckerspiegel stabil zu halten und im Bauch ein herrliches Wohlbehagen zu verspüren. Ohne den Drang, den Versuchungen nachzugeben, die sich als Hüftgold ablagern.

Machen Sie sich mit Ihrem Blutzucker vertraut!

Wussten Sie, dass ein Brötchen vom Bäcker nur halb so lange sättigt wie 150 Gramm Hähnchenbrust? Obwohl beide dieselbe Kalorienmenge enthalten – egal, womit das Brötchen belegt ist?

Grund dafür ist, dass das Brötchen hauptsächlich aus Kohlenhydraten besteht, die im Körper zum Zuckermolekül Glukose aufgespalten werden. Gelangt Glukose in die Blutbahn, steigt der Blutzucker an und der Körper gibt dem Hormon Insulin das Signal, die überschüssige Glukose vom Blut weg in andere Körperzellen zu transportieren und zu speichern, bis sie benötigt wird.

Durch dieses intelligente System bleibt Ihr Blutzuckerspiegel im Gleichgewicht. Das Problem ist nur, dass das Insulin nicht mehr gestoppt werden kann, wenn es einmal in Gang gekommen ist. Je mehr Energie das Insulin aufwendet, um überschüssige Glukose aus Ihrem Blut zu entfernen, desto länger wird der Bremsweg des Hormons. Das Insulin wird seine sorgsame Arbeit zur Entfernung der Glukose daher fortsetzen, selbst wenn der Blutzucker bereits wieder stabil ist. Das Ergebnis ist, dass der Blutzucker jetzt unter Normalniveau abfällt und Ihr Körper Ihnen sofort ein Hungersignal sendet, das mit dem Drang verbunden ist, den Blutzucker zu erhöhen – und zwar sofort!

Im Grunde sind es nur die Kohlenhydrate, die Ihren Blutzucker beeinflussen. Nicht die Proteine, und auch nicht das Fett. Und, nein: Die Lösung ist nicht, die vermeintlichen Bösewichte gänzlich zu vermeiden, denn Kohlenhydrate sind für einen gut funktionierenden Körper, ebenso wie Proteine und Fett, unerlässlich. Wenn Sie aber nicht wie der Hamster im Rad enden möchten, immer auf der Jagd nach dem schnellen Zuckerkick, der blitzartig zu neuem Zuckerbedarf führt und sich als Rettungsring ablagert, müssen Sie lernen, Ihren Blutzucker zu steuern, bevor sich der Körper dieser Aufgabe selbst widmet. Der erste Schritt besteht darin, dass Sie sich mit den Nährstoffen vertraut machen, die im Laufe des Tages auf Ihrem Teller landen, also mit Kohlenhydraten, Proteinen und Fett.

Steuern Kohlenhydrate Ihr Leben?

Erleben Sie, dass Sie auf Ihrem Weg wie von Zauberhand beim Bäcker, Kiosk oder bei den kleinen Schätzen im Küchenschrank landen? Wenn ja, können Sie sicher sein, dass Sie zu viele Kohlenhydrate im Verhältnis zu den zugeführten Proteinen verzehren. Ich glaube, dass der plötzliche Zuckerbedarf ein Wink mit dem Zaunpfahl dafür ist, dass der Blutzucker aus dem Gleichgewicht geraten ist.

Kohlenhydrate sind die wichtigste Energiequelle für Ihren Körper. Sie haben Einfluss auf den Energieaustausch und tragen als Brennstoff zur Muskel- und Gehirntätigkeit bei. Kohlenhydrate werden vom Körper unterschiedlich aufgenommen. Manche sausen regelrecht ins Blut, was einen gewaltigen Anstieg des Blutzuckers zur Folge hat. Andere

kriechen in die Blutbahn und bewirken so einen langsameren, stetigeren Anstieg des Blutzuckers. Wichtig ist also nicht nur, dass sie Kohlenhydrate aufnehmen, sondern auch, *welche*.

Richtige Kohlenhydrate aufgabeln

Kohlenhydrate schmecken gut, strapazieren das Budget nicht und tragen zur Sicherung der täglichen Versorgung mit Ballaststoffen bei. Die Menge an Kohlenhydraten hat große Bedeutung dafür, wie hoch Ihr Blutzucker steigt. Aber auch die Art der Kohlenhydrate, die Sie zu sich nehmen, ist wichtig für den Blutzucker. Wenn Sie lange satt bleiben möchten, müssen Sie unverdauliche oder auch „langsame" Kohlenhydrate zu sich nehmen.

Kohlenhydrate verstehen

Kohlenhydrate können in zwei Gruppen eingeteilt werden, verdauliche und unverdauliche. Erstere beeinflussen Ihren Blutzucker:

- *Verdauliche Kohlenhydrate (Stärke und Zuckerarten) werden nach dem Abbau in einfache Zuckerarten (Glukose und Fruktose) umgewandelt, die Ihr Darm aufnimmt. Glukose ist für Ihren Blutzucker ausschlaggebend. Sie wird Ihrer Leber und den Muskeln mithilfe von Insulin zugeführt. Dort wird sie zu Energie verbrannt oder gespeichert. Glukose kann direkt in Energie umgewandelt oder gespeichert werden, während Fruktose in Ihrer Leber erst abgebaut* werden muss. Verdauliche Kohlenhydrate werden als solche bezeichnet, weil sie vom Körper schnell aufgenommen werden.

- *Die unverdaulichen Kohlenhydrate (Ballaststoffe) passieren den Magen-Darm-Trakt nahezu unverdaut und gelangen in den Dickdarm, wo sie ganz oder teilweise von Bakterien abgebaut werden. Ballaststoffe haben viele gute Eigenschaften. Sie füllen Teller und Bauch wunderbar. Sie sichern einen gleichmäßigeren Anstieg des Blutzuckers, weil sie die Aufnahme von Zucker aus dem Darm verzögern und größere Schwankungen Ihres Blutzuckers verringern. Die langsamere Freisetzung von Insulin hilft außerdem gegen den Drang nach Zucker. Als Nebeneffekt bewirken Ballaststoffe regelmäßigen Stuhlgang, da sie die Verdauung fördern und dafür sorgen, dass die Nahrung das Verdauungssystem schnell passiert. Sie beugen deshalb Verstopfung vor. Die unverdaulichen Kohlenhydrate werden wegen ihrer langsamen Aufnahme im Körper auch als langsame Kohlenhydrate bezeichnet.*

Der Alltag mit meinen Kursteilnehmern hat mich gelehrt, dass Sie nur dafür sorgen müssen, Ihre Zufuhr an Kohlenhydraten auf 20–40 Prozent Ihrer täglichen Energiezufuhr festzulegen. Das ist eine Ernährungsumstellung, die tatsächlich machbar ist – nicht nur für eine oder zwei Wochen, sondern dauerhaft.

Ziel einer Diät ist oft ein Gewichtsverlust. Wichtiger aber ist, dieses Ziel auch zu halten. Es ist nicht lustig, 20 Kilo zu verlieren, und diese dann gleich wieder zuzunehmen. Wenn die Umstellung zu schwierig ist, steigt das Risiko, diese auf Dauer nicht durchzuhalten.

Deshalb ist es wichtig zu betonen, dass keine mathematische Präzision nötig ist, um den Blutzucker zu stabilisieren. Ist die Umstellung zu kompliziert, werden Sie alle guten Vorsätze ganz schnell vergessen.

Ab Seite 12 erhalten Sie die richtigen Werkzeuge, mit denen Sie in Ihrem neuen Lebensstil ankommen und sich mit ihm wohlfühlen können, wenn Sie Ihre Zufuhr an Kohlenhydraten auf 20–40 Prozent halten möchten. Benutzen Sie zu Anfang die Küchenwaage, damit Sie ein Gefühl dafür bekommen, wie viel die verschiedenen Lebensmittel wiegen. Nach kurzer Zeit werden Sie darauf verzichten können.

Glykämischer Index

GI oder Glyx steht für „Glykämischer Index" und bezeichnet die Wirkung von Kohlenhydraten auf den Blutzucker.

Lebensmittel mit hohem Glyx wie z. B. Kartoffeln und Nudeln enthalten Kohlenhydrate, die vom Darm schnell aufgenommen werden und so einen schnellen Anstieg des Blutzucker- und Insulinspiegels bewirken. Danach sinkt der Blutzucker-

spiegel schnell und Sie verspüren wieder Lust, zu essen.

Lebensmittel mit geringerem Glyx wie Bohnen oder Linsen werden langsamer verdaut und führen zu einem geringeren Anstieg des Blutzucker- und Insulinspiegels und somit auch zur langsameren Absenkung des Blutzuckers. Lebensmittel mit niedrigem Glyx enthalten häufig auch viele Ballaststoffe, die zur langsameren Freisetzung von Insulin beitragen. Insgesamt hilft das bei der Bekämpfung des Zuckerverlangens. Nahrungsmittel mit niedrigem Glyx können als langsam und Nahrungsmittel mit hohem Glyx als schnell bezeichnet werden. Auf Seite 14 erfahren Sie, welche Kohlenhydrate gut für Sie sind.

Essen Sie noch Proteine?

Für ein gutes Sättigungsgefühl, das gleichzeitig die Verbrennung in Gang bringt, müssen Proteine auf den Tisch. Proteine sind die Bausteine Ihres Körpers. Sie bauen und reparieren Ihre Antikörper, Hormone, Enzyme, Muskeln sowie Blutkörperchen und das Immunsystem. Proteine sind aus Aminosäuren aufgebaut; viele davon sind essenziell, d.h., sie müssen über die Nahrung zugeführt werden.

In der Regel sind Lebensmittel, die primär Proteine enthalten, tierischen Ursprungs. Aber keine Regel ohne Ausnahme: Hülsenfrüchte, Linsen, Nüsse oder Mandeln enthalten nämlich neben Kohlenhydraten und Fett ebenfalls Proteine. Wenn Sie z. B. 100 Gramm Erbsen essen, erhalten Sie nicht nur 20 Gramm Proteine, sondern auch 49 Gramm Kohlenhydrate. Verspeisen Sie dagegen 100 Gramm Kabeljau, führen Sie sich 20 Gramm Proteine zu – und überhaupt keine Kohlenhydrate. Deshalb erfahren Sie später im Buch, dass Erbsen z. B. als Kohlenhydrate gelten, während Kabeljau als Protein eingestuft wird.

Die richtigen Proteine auswählen

Proteine sättigen wunderbar und haben keinen Einfluss auf Ihren Blutzucker. Entscheiden Sie sich für kalorienarme Nahrungsmittel, die aber im Verhältnis reich an Proteinen sind. So erzielen Sie die höchste Sättigung und Proteinzufuhr bei wenig Kalorien. Dann ist auch noch Platz für nützliche Fette (mehr dazu auf Seite 10). Wenn Sie für die Stabilisierung Ihres Blutzuckerspiegels sorgen, vermeiden Sie Abstürze des Blutzuckers, was den Drang zur sofortigen Nahrungsaufnahme zur Folge hat. Für den Gewichtsverlust ist es jedoch erforderlich, dass die tägliche Kalorienmenge geringer ist als die Menge an Kalorien, die Sie verbrennen. Sonst werden Sie keinen Gewichtsverlust erzielen.

Wie bei den Kohlenhydraten ist meine Erfahrung auch hier, dass Sie sich bei täglicher Zufuhr von 30–40 Prozent Proteinen im Verhältnis zum täglichen Verzehr der Kohlenhydrate und Fett schlank essen können, ohne Kompromisse mit der

PROTEINE SIND DER HIT!

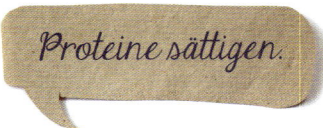

Proteine sättigen.

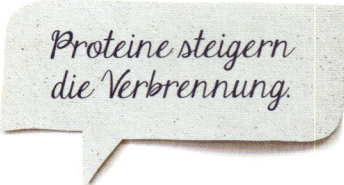

Proteine steigern die Verbrennung.

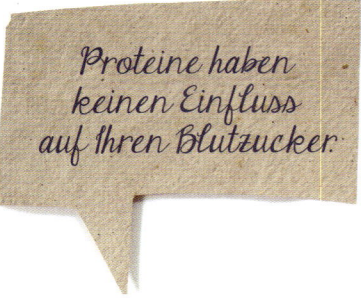

Proteine haben keinen Einfluss auf Ihren Blutzucker.

- Käse (20 % Fett. i. Tr.)
- Thunfisch in Wasser
- Salatkäse (5 % Fett. i. Tr.)
- Kabeljaurogen
- Schweinelende (pariert)
- Schweinefilet (pariert)
- Putenbrust
- Hähnchenfilet

Angst vor Fett?

Sie brauchen Fett! Jeden Tag! Ihr Körper benötigt es beispielsweise für den Transport fettlöslicher Vitamine wie A, D, E und K. Fett schützt Ihre inneren Organe und sorgt dafür, dass Ihnen warm ist. Auch Ihre Immunabwehr, das Hormon- und Nervensystem sowie die Vitalorgane brauchen zur optimalen Funktion Fett.

Die richtigen Fette auswählen

Fett ist ein Geschmacksträger und verleiht Speisen wunderbare Aromen und Optik. Ein Tomatensalat schmeckt mit einem Löffel Olivenöl oder einem Avocado-Topping einfach besser.

Fett kann in drei Gruppen eingeteilt werden: gesättigte, einfach und mehrfach ungesättigte. Eine gute Idee ist, zwischen den verschiedenen Fetten zu variieren – nicht nur vom Ernährungs-, sondern auch vom Geschmackstandpunkt her.

Achten Sie darauf, auch Speisen mit einfach ungesättigten Fettsäuren zu sich zu nehmen. Auch Omega-3-Fettsäuren sind wichtig. Sie sind

skeptischen Familie eingehen und ohne sich mit ein paar Blicken auf das Essen zufrieden geben zu müssen, wenn es etwas zu feiern gibt. Sie werden schnell erleben, dass Sie, wie bei Kohlenhydraten, ein Gefühl dafür bekommen, wie viel Sie sich auf den Teller füllen können.

Proteine machen Sie satt – lange

- Magerer, weißer Fisch – z. B. Kabeljau-, Pangasius- oder Seelachsfilet
- Garnelen und andere Schalentiere

essenziell, müssen also über die Nahrung zugeführt werden. Omega-3-Fettsäuren gehören zur Gruppe der ungesättigten Fettsäuren und sind vor allem in Algen, Pflanzen und Fisch zu finden.

Viele Menschen sind mit Omega-3-Fettsäuren unterversorgt. Dabei steigern diese Fette die Insulinsensitivität, senken den Blutdruck und tragen zu einem günstigen Fettsäureprofil im Blut bei. Außerdem gehen Mediziner davon aus, dass Omega-3-Fettsäuren das Risiko für viele Erkrankungen, insbesondere entzündliche, senkt oder diese lindert. Dazu gehören Arterienverkalkung, Thrombosen, Diabetes, Depressionen, Gicht, Asthma, Schuppenflechte und Ekzeme.

Fett hat keinen Einfluss auf den Blutzucker. Meine Erfahrung aus der Praxis zeigt, dass Sie Gewicht ohne Kompromisse an das Geschmackserlebnis verlieren, wenn Sie durchschnittlich 30–40 Prozent Ihrer Energiezufuhr aus Fetten anstreben. Es gibt jedoch gerade bei Backwaren Nahrungsmittel, bei denen der Fettanteil wesentlich höher liegt. So lange Sie jedoch nicht übermäßig fetthaltige Speisen zu sich nehmen, ist das in Ordnung.

Lieferanten für gesättigte Fettsäuren:

- Schwein
- Rind
- Lamm
- Fettrand am Steak
- Fetter Käse
- Schlagsahne
- Butter

Lieferanten für einfach ungesättigte Fettsäuren:

- Avocado
- Mandeln
- Mayonnaise (zubereitet mit Oliven- oder Rapsöl)
- Nüsse
- Oliven
- Olivenöl
- Pesto/Tapenade (zubereitet mit Oliven- oder Rapsöl)
- Rapsöl

Lieferanten für Omega-3-Fettsäuren – aus Fisch

- Sardellen
- Schwarzer Heilbutt
- Lachs
- Makrele
- Regenbogenforelle
- Sardine
- Seehase
- Seehasenrogen
- Kabeljauleber
- Aal

Lieferanten für Omega-3-Fettsäuren – aus anderen Quellen:

- Chia-Samen
- Grünkohl
- Leinsamen
- Rapsöl
- Spinat und andere grüne Blattgemüse
- Walnüsse

KICKSTART INS NEUE LEBEN

**EIN GESUNDER LEBENSSTIL MUSS LEICHT UMSETZBAR SEIN –
SONST IST ER LANGFRISTIG NICHT DURCHZUHALTEN**

Auch ohne viel Zeit und Geld für exotische Spezialprodukte zu investieren, lassen sich Mahlzeiten auf den Tisch bringen. Es gibt Nahrungsmittel, die Sie vom Weg abbringen, sowie Ideen, um Ihre Küche mit Speisen zu füllen, die dem Alltag einen Kick versetzen und Sie sicher auf dem richtigen Weg halten. Wer sagt, dass das langweilig sein muss? Hier gibt es jede Menge Raum für Süßes und Saures im Alltag! Denken Sie daran: Es geht nicht darum, wer als Erster ins Ziel kommt. Wichtig ist, dass Sie den Kurs langfristig beibehalten. Machen Sie Schritt für Schritt eigene Erfahrungen. Beginnen Sie mit dem Einfachsten. Dann erzielen Sie nachhaltige Ergebnisse!

Seien sie scharfsinnig – erkennen Sie Ihre Freunde!

Beginnen Sie damit, Schränke und Schubladen aufzuräumen. Raus mit „Betrügern" und rein mit „Freunden". Betrüger sind alle Nahrungsmittel, die Sie vom Weg abbringen und mehr versprechen, als sie halten. Also Nahrungsmittel, durch die das Sättigungsgefühl nur für kurze Zeit anhält.
Freunde sind solche, auf die Sie sich verlassen können. Zutaten, die Sie lange satt halten und Sie auf Ihrem Weg unterstützen.

Betrüger bringen Ihren Blutzucker zum Absturz

Die folgende Liste fasst die Lebensmittel zusammen, die den Blutzucker am stärksten belasten. Lebensmittel, von denen Sie sich im Alltag fernhalten sollten. Betrüger, die Ihren Blutzucker bis hoch in den roten Bereich jagen, um Sie danach in den Abgrund fallen zu lassen, gefolgt vom Wunsch, mehr zu essen. Vermutlich werden Sie viele dieser Zutaten aus Ihrem Küchenalltag kennen, aber Sie brauchen dennoch Ihre gute Laune nicht zu verlieren. Nach der Liste mit den

Betrügern folgt eine Liste mit Alternativen, die gut schmecken und eine lange Sättigung bewirken.

BETRÜGER

Beilagen

* Bulgur
* Couscous
* Weizenknäckebrot
* Weißbrot
* Kartoffeln
* Nudeln (weiß)
* Reis
* Süßkartoffeln

Mehl/Getreide

* Cornflakes
* Buchweizen
* Haferflocken
* Hirse
* Weizenmehl
* Maisstärke
* Müsli
* Dinkel

Gemüse

* Kürbisse (auch Hokkaidokürbisse)
* Mairüben
* Kohlrabi
* Rote Bete
* Süßkartoffeln

Obst

* Ananas
* Bananen
* Guaven
* Kirschen
* Kiwis
* Melonen
* Papayas

Getränke

* Zuckerhaltige Säfte
* Zuckerhaltige Limonaden
* Bier

Snacks und Süßigkeiten

* Blätterteig
* Chips
* Datteln (getrocknet)
* Feigen (getrocknet)
* Filo-Teig
* Honig
* Kuchen
* Kekse
* Marmelade
* Popcorn
* Reiskuchen
* Rosinen
* Salzstangen
* Bonbons
* Sirup
* Zucker
* Konfitüre
* Bananen (getrocknet)
* Moosbeeren (getrocknet)

Freunde halten Sie auf Kurs!

Die Ersatzliste auf der folgenden Seite zeigt in der linken Spalte die üblichen, schnellen Kohlenhydrate, deren Verzehr Sie einschränken sollten. In der rechten Spalte sehen Sie, mit welchen langsamen Kohlenhydraten Sie diese bequem ersetzen können. Die meisten Produkte können Sie nach und nach im normalen Supermarkt kaufen. Verschwenden Sie keine Zeit mit dem Einkauf in Spezialgeschäften!

ERSATZLISTE

EINSCHRÄNKEN/VERMEIDEN	ALTERNATIVEN
schnelle Kohlenhydrate	langsame Kohlenhydrate
Bulgur	Graupen, polierter Roggen, Erbsen, Linsen
Brot allgemein	Roggenbrot, Eiweißbrot (Proteinbrot), Eiweißbrötchen
Couscous	Quinoa
Weizenknäckebrot	Roggenknäckebrot
Kartoffeln	Topinambur, Pastinake, Petersilienwurzel
Kekse	Ballaststoffkeks, Eiweißbrot
Nudeln	Glasnudeln
weiße Nudeln	Vollkornnudeln, Roggennudeln, Soja-Fettucine
Paniermehl	Ballaststoffstreu, Haferkleie
Reis	Graupen, polierter Roggen, Quinoa

Gemüse vor!

Wer liebt nicht Spaghetti mit Hackfleischsauce? Ein ordentlicher Berg Pasta mit einer Kelle Sauce obenauf, Punkt, fertig!

Das aber geht gar nicht. Wie Sie in der Alternativliste sehen, gehören weiße Nudeln zum No-Go in der Kategorie Kohlenhydrate.

Aber was, wenn man die Nudeln mit Vollkornnudeln ersetzt und die Menge verringert (siehe Ersatzliste Seite 14)? Das hilft schon gewaltig – aber der Blick auf einen halbvollen Teller ist nicht wirklich prickelnd.

Hier kommt Gemüse zum Zug. Gemüse füllt den Teller, für das die Vollkornnudeln Platz gemacht haben. Es sättigt gut, beschäftigt die Verdauung, ist voller Vitamine, Mineralien und Antioxidantien und schmeckt dazu noch äußerst lecker.

Mit schönen Farben und Formen ist es darüber hinaus eine Freude fürs Auge. Wenn Sie der Bohnensprossen, Möhren- und Gurkenstifte oder Tomaten überdrüssig sind oder Gemüse schlichtweg nicht gewohnt sind, testen Sie doch einfach einmal neue, bisher unbekannte Gemüsesorten.

Wählen Sie beim nächsten Einkauf Gemüsesorten, die Sie noch nie zum Kochen verwendet haben. So erweitern Sie Ihre Geschmackswelt und tasten sich langsam, aber sicher dazu vor, sich mit neuen Kombinationen auf der Speisekarte zu verwöhnen.

Schlemmen muss sein – aber nicht jeden Tag!

Jeder muss hin und wieder ein wenig über die Stränge schlagen. Wer behauptet, er lebe immer nur geradlinig, lügt. Sie sollten Ihren Traum vom Abnehmen nicht aus den Augen verlieren, aber lernen, Ihre Eskapaden klug zu strukturieren. Wenn Sie den Leitlinien in diesem Buch folgen, haben Sie die Möglichkeit, einmal in der Woche bei einer Mahlzeit so richtig zu schlemmen.

Vielleicht planen Sie das Schlemmermahl schon zu Wochenanfang ein. Es ist leichter, den Kollegen, die auf eine Erdbeertorte einladen, dankend abzusagen, wenn Sie wissen, dass es am Wochenende ein Steak mit allem Drum und Dran gibt.

Nehmen Sie den Kampf auf und denken Sie daran: Es ist verhängnisvoll, auf Ihrem Weg zu allem „Ja" zu sagen. Aber alles abzulehnen, bedeutet tödliche Langweile. Sie müssen lernen, Prioritäten zu setzen. Das hat zur Folge, meistens „Nein" zu sagen, aber von ganzem Herzen „Ja", wenn es darauf ankommt. Und darauf zu achten, dann auch von ganzem Herzen dabei zu sein, zu sehen, zu schmecken und zu genießen, wenn Sie sich für ein „Ja" entschieden haben.

Ein Schlemmermahl pro Woche?

Wenn Sie nicht mehr abnehmen, sondern nur Ihr Gewicht halten wollen, sind die Aussichten noch besser. Dann können Sie bis zu dreimal wöchentlich schlemmen.

So fangen Sie an

Machen Sie es sich nicht unnötig schwer. Eine Einkaufstour zu Ihrem Lebensmittelgeschäft um 18 Uhr mit leerem Magen ist nicht sonderlich hilfreich, denn dann ist alles schon von vornherein auf schnelle (also ungesunde) und bequeme Lösungen angelegt. Steuern Sie mit einer gut gefüllten Vorratskammer gegen. Beginnen Sie damit, Küchenschränke, Kühl- und Gefrierschrank zu durchforsten. Verzichten Sie auf Süßigkeiten, Chips, Eis, Kuchen und andere Verlockungen, und füllen Sie die Naschdose stattdessen mit Leckereien, die lange vorhalten.

Die wichtigsten Zutaten

Im Folgenden finden Sie eine Liste, die Ihnen helfen wird, Ihre Küche mit allen guten Zutaten auszustatten, die auch ich häufig zum Kochen verwende. Sie werden viele dieser Zutaten auch in den Rezepten finden, die ich zusammengestellt habe. Berücksichtigen Sie, dass manche Zutaten länger als andere haltbar sind. Gerade Zutaten im Kühlschrank haben eine eher beschränkte Haltbarkeit als die im Vorrats- oder Gefrierschrank.

KÜCHENSCHRANK
- - - - - - - - - - - - - - - - - - - -

BROT/MEHL
Ballaststoffkekse
Haferkleie
Roggenbrot (mit ganzen Körnern)
Roggenknäckebrot
Roggenmehl
Vollkorntortilla
Weizenkleie

KONSERVEN
Kabeljaurogen
Makrelen in Tomatensauce
Tomaten, geschälte
Tomatenmark
Thunfisch in Wasser

BACK- UND KOCHAROMEN
Backpulver
Balsamicoessig
Dijonsenf
Gewürze
Kapern
Kokosmilch
Pfefferkörner
Salz, grobes
Sojasauce
Suppenwürfel
Teriyakisauce
Worcestershiresauce

FETTE
Olivenöl
Rapsöl
Trüffelöl

MANDELN/SAMEN/OLIVEN
Chia-Samen
Erdnüsse
Kürbiskerne, ungesalzen
Leinsamen
Mandeln
Oliven
Sesamsamen
Sonnenblumenkerne

BEILAGEN

Belugalinsen
Graupen
Linsen, rote
Puy-Linsen
Quinoa
Roggen, poliert
Soja-Fettucine
Vollkornnudeln

SÜSSUNGSMITTEL

Flüssigsüßstoff
Sukrin (Zuckerersatzstoff)

KÜHLSCHRANK

Gemüse, das Sie im Kühlschrank lagern, hat eine etwas längere Haltbarkeit. Diese Sorten können Sie jederzeit mit Gemüse kürzerer Haltbarkeit ergänzen, z. B. mit Babyspinat oder Bohnensprossen. Das gilt natürlich auch für Frischwaren wie Fleisch, Geflügel und Fisch.

FETTE

Butter
Mayonnaise (vollfett)
Pesto

FLEISCH/FISCH/EIER

Aufschnitt (sollte mager sein, also nicht bei Mortadella landen!)
Eier
Forellenfilet, geräuchert
Garnelen

GEMÜSE

Knoblauch
Knollensellerie
Kürbis
Möhren
Paprika
Pastinaken
Petersilie
Spitzkohl
Tomaten
Topinambur
Weißkohl
Wirsing
Zitronen
Zwiebeln
Zwiebeln, rote

MILCHPRODUKTE

Butterkäse (max. 12 % Fett. i. Tr.)
Crème fraîche (18 % Fett. i. Tr.)
Feta-Käse (vollfett)
Hüttenkäse
Joghurt, griechischer (2 % Fett. i. Tr.)
Parmesan
Skyr (0,2 % Fett. i. Tr.)
Streichkäse (30–45 % Fett. i. Tr.)

GEFRIERSCHRANK

BROT/BEILAGEN

Ballaststoffbrötchen, hausgemacht (Seite 144)
Eiweißbrötchen
Erbsen, vorgekocht
Kidneybohnen, vorgekocht
Vollkorntortilla (einzeln eingefroren)

GEMÜSE

Blattspinat
Bohnen, grüne
Edamame-Bohnen (geschält)
Erbsen

FLEISCH/FISCH

Hähnchenfilets
Kabeljau
Rinderhackfleisch
Shrimps
Schinkenstreifen

Naschlust unter Kontrolle halten

Die Einkäufe sind gemacht, aber irgendetwas fehlt noch … Richtig! Wem gefällt es schon, den ganzen Tag nur von gesunden Zutaten zu leben? Naschzeug gehört dazu – ob wir es zugeben oder nicht. Gibt es etwas Schöneres, als ein bisschen zu naschen, wenn man allein oder kuschelig mit der Familie zusammensitzt? Natürlich ist so etwas erlaubt. Damit Sie sich aber nicht selbst betrügen, sollten Sie die Süßigkeiten sorgfältig auswählen.

Zuckerfreie Süßigkeiten

Zuckeralkohole führen im Vergleich mit Zucker zu einem geringeren Anstieg des Blutzuckers. Süßes mit Zuckeralkohol ist deshalb die bessere Wahl als normale Süßigkeiten. Am besten entscheiden Sie sich jedoch für Lakritz, Weingummi oder Bonbons mit Süßungsmitteln, die den Blutzucker nicht beeinflussen. Bei diesen Süßigkeiten ist der Zucker gegen Ballaststoffe und intensive

Süßungsmittel ausgetauscht worden. Das kann zu Luft im Bauch führen. Deshalb sollten Sie nicht unbedingt eine halbe Tüte wegfuttern, bevor Sie zum Sport gehen. Testen Sie sich einfach durch. Manche Menschen essen problemlos 10–12 Stück, andere nur ein paar.

Die Alternativen mit Zuckerersatzstoffen schmecken ausgezeichnet und können genauso als „Lebensretter" in der Handtasche, im Schreibtisch oder im Handschuhfach dienen, sodass Sie Heißhunger unterwegs jederzeit stillen können.

Aber auch hier sollten Sie wählerisch sein. Zuckerfreie Süßigkeiten mit Zuckeralkoholen wie Maltit, Isomalt, Sorbit, Xylitol und Maltitsirup haben einen erhöhten Kohlenhydratgehalt. Deshalb sollten Sie den Verzehr großer Mengen von Süßigkeiten vermeiden, die mit diesen Zuckeralkoholen gesüßt sind. Der einzige Zuckeralkohol, der den Blutzucker nicht beeinflusst, ist Erythrit.

Natürlich stecken auch in diesen Süßigkeiten Kalorien. Genau darum sind bestimmte Riegel am besten als Ersatz für eine süße Zwischenmahlzeit geeignet. Einige können Sie im normalen Lebensmittelgeschäft kaufen, andere erhalten Sie nur im Internet oder in Fitnessstudios.

Austauschtabellen – Teilen Sie Kalorien richtig ein

Die Küche ist gefüllt und Sie sind bereit, Ihre individuellen Mahlzeiten zusammenzustellen. Rezepte sind zwar nützlich, schöner ist es jedoch, selbst das Ruder in der Hand zu haben. Deshalb erhalten Sie mit den Austauschtabellen ab Seite 22 ein wunderbares Werkzeug, wenn Sie Ihr Frühstück oder Mittagessen selbst komponieren möchten. Mit den Tabellen können Sie eine Mahlzeit kreieren, die auf jeden Fall den geringen Kohlenhydrat- und Kaloriengehalt gewährleistet, der dem Niveau zum Erreichen Ihres Ziels entspricht. Die Rezepte im Buch können Ihnen als Inspiration für Ihre Kompositionen dienen.

Diese Tabellen werden bald zu einem unverzichtbaren, hilfreichen Hilfsmittel für Sie werden. Nehmen Sie sie mit in die Küche oder machen Sie eine Kopie, die Sie an den Kühlschrank hängen. Bald werden Sie eigene Favoriten finden!

Denken Sie daran: Essen soll gut schmecken, auch wenn Sie abnehmen möchten! Sonst funktioniert es langfristig nicht. Verwenden Sie deshalb Gewürze, Kräuter, Salz, Saures und Intensives. Nehmen Sie Ihre Lieblingsrezepte in Ihren neuen Lebensstil auf. Wer sagt denn, dass Rinderfrikadellen mit Schmorzwiebeln nicht erlaubt wären? Nehmen Sie statt Kartoffeln einfach im Ofen gebackene Topinamburen und dazu einen Salat – fertig ist das Mittagsgericht!

So wird's gemacht:

Die Tabelle besteht aus den Kategorien „Proteine", „Kohlenhydrate" und einer Gruppe, die ich „Besonderes Extra" nenne. Die Nahrungsmittel der Gruppe „Proteine" liefern hauptsächlich Proteine. Die Kategorie „Kohlenhydrate" umfasst Nahrungsmittel mit langsamen Kohlenhydraten. Die Kategorie „Besondere Extras" umfasst Zutaten, die primär Kalorien aus Fett und Proteinen liefern und Ihre Mahlzeit aufpeppen.

Zum Frühstück wird ein Nahrungsmittel aus jeder Gruppe plus 200 Gramm Gemüse gewählt.

1 x Proteine
1 x Kohlenhydrate
1 x Besonderes Extra
plus 200 g Gemüse

Als Mittagessen wird aus jeder Nahrungsmittelgruppe ein Element plus 300 Gramm Gemüse plus 1 Teelöffel Fett ausgewählt.

1 x Proteine
1 x Kohlenhydrate
1 x Besonderes Extra
plus 300 g Gemüse
1 TL Öl (vorzugsweise Olive/Raps)

Die Austauschtabellen bieten ca. 420 Kalorien am Mittag und 490 Kalorien am Abend. Es gibt unbestritten Unterschiede bei der Energieverteilung zwischen Fett und Proteinen, je nachdem, ob Hähnchenbrust ohne Haut oder Fleisch von der Keule mit Haut verwendet wird. Der Proteinenergieprozentsatz und somit auch der Sättigungsfaktor sind höher, wenn Hähnchenbrust ohne Haut statt Keule mit Haut verzehrt wird. Wichtig ist, dass sich der Kohlenhydratprozentsatz unter 40 Prozent bewegt.

In bestimmten Situationen passt das Menü vielleicht nicht ganz zu Ihren Vorstellungen. Denken Sie deshalb daran, dass Sie die Kohlenhydrate jederzeit herunterschrauben und gegen Proteine austauschen können. Wie gesagt: Es sind nur die Kohlenhydrate, die Ihren Blutzucker beeinflussen. Stehen also die Frikadellen mit Kartoffeln, Sauce und Gemüse auf dem Speiseplan, lassen Sie die Kartoffeln weg, und essen Sie stattdessen 1,5-mal mehr Rinderhackfleisch. Sie können also statt einer Frikadelle aus 160 g Rinderhackfleisch (3–6 % Fett) eine mit 240 g (3–6 % Fett) (160 g x 1,5) genießen, wenn Sie die Kohlenhydratquelle weglassen.

Sie werden viele klassische Gerichte mit gesunder Balance und dem richtigen Kaloriengehalt zubereiten können, wenn Sie mit den Austauschtabellen arbeiten. Die Liste auf Seite 14 zeigt Ihnen, mit welchen langsamen Kohlenhydraten sie die schnellen ersetzen können.

Beispiel
Stellen Sie sich vor, mittags soll es Frikadellen mit Reis, Salat und Dressing geben. Dann können Sie Ihre Mahlzeit leicht umplanen, wenn Sie die Austauschliste benutzen. Die Mahlzeit wird deshalb mit einem Nahrungsmittel aus jeder Gruppe,

ausgehend von den Mengenangaben in der Austauschtabelle zusammengesetzt sein, plus Gemüse und Fette (Gewürze außer Salz und Pfeffer sind immer in Ordnung). Die Zutaten für das Gericht für eine Person sehen jetzt folgendermaßen aus:

- 30 g Graupen (1 x Kohlenhydrate)
- 1 Knoblauchzehe (Gemüse)
- 3 Handvoll Petersilie (Gemüse)
- 100 g griechischer Joghurt 2 % Fett. i. Tr. (1 x Besonderes Extra)
- 1 TL Worcestershiresauce
- ½ Gurke (Gemüse)
- 1 Tomate (Gemüse)
- ½ rote Zwiebel Gemüse)
- 1 TL Olivenöl (Fett)
- 1 TL Balsamicoessig
- 160 g Rinderhackfleisch (3–6 % Fett) (1 x Protein)

Nährwert: 2052 kJ (491 kcal)
Eiweiß: 40,8 %
Fett: 29,6 %
Kohlenhydrate: 29,6 %

Die Portionsgrößen

Männer und Frauen haben einen unterschiedlichen Energiebedarf, der darüber hinaus durch Alter, Gewicht und Körperzusammensetzung variieren kann. Die Kalorienmenge der Rezepte und die Wochenplanung in diesem Buch gehen von Frauen aus. Sind Sie ein Mann, können Sie etwas mehr essen und immer noch einen ansehnlichen Gewichtsverlust erzielen. Sie können drei Zwischenmahlzeiten mehr verzehren und eventuell eine etwas größere

Portion zu Mittag oder Abend zu sich nehmen.

Zur Gewährleistung des Gewichtsverlusts können Sie täglich aus folgenden Kategorien wählen:

FRAUEN	MÄNNER
1 x Frühstück	*1 x Frühstück*
1 x Mittagessen	*1 x Mittagessen*
1 x Abendessen	*1 x Abendessen*
2 x Zwischen-	*5 x Zwischen-*
mahlzeit	*mahlzeit**

* Gern am Vormittag bzw. Nachmittag zwei Zwischenmahlzeiten kombinieren.

Eine Frau nimmt auf diese Weise 1490 kcal, ein Mann 1910 kcal zu sich Das führt je nach Alter und Gewicht zu einem wöchentlichen Gewichtsverlust zwischen 0,6 und 1,0 kg.

Meine Erfahrungen aus der Praxis zeigen, dass die meisten Frauen und Männer bei dieser Kalorienzufuhr satt werden. Und genau darum geht es. Wenn Sie satt sind, ist auch Ihr Blutzucker stabil. Dann ist es etwas leichter, den Verlockungen zu widerstehen, denen Sie ständig ausgesetzt sind.

Verteilen Sie die Mahlzeiten über den Tag und sorgen Sie dafür, dass möglichst nicht mehr als drei Stunden dazwischenliegen.

Über den Gewichtsverlust hinaus werden Sie Essen erleben, das schmeckt und einen Lebensstil führen, mit dem Sie sich wohlfühlen. Sie gewinnen mehr Energie, sind weniger müde und Ihr Bauch wird sich nicht mehr aufgebläht anfühlen. Und schließlich werden Sie lernen, Ihren Heißhunger auf Süßes zu steuern. Sie bestimmen, was sie essen – nicht Ihr Hungergefühl diktiert Ihnen, was und wann Sie Nahrung zu sich nehmen müssen.

- -

STÄRKEN SIE IHRE WILLENSKRAFT!

1. Richten Sie Speisen portionsweise an.
So vermeiden Sie Töpfe und Schüsseln auf dem Tisch.

2. Ab dem Zeitpunkt, an dem Sie mit Essen beginnen, vergehen etwa 20 Minuten, bis das Gehirn ein Sättigungssignal erhält.

3. Nehmen Sie sich zum Essen Zeit.

4. Essen Sie langsam und genießen Sie es.

5. Sorgen Sie dafür, dass die Teller nicht zu groß sind.

AUSTAUSCHTABELLEN
So kommen Sie ans Ziel!

- -

PROTEINE

Bratwurst (12 % Fett)	120 g
Eier	2 Stück
Eiweiß	430 g
Entenbrust (ohne Haut)	170 g
Fasanenfleisch (ohne Haut)	160 g
Feta-Käse (5 % Fett. i. Tr.)	140 g
Fischfrikadellen (1½ St.)	130 g
Flunder	230 g
Forellenfilet, geräuchert	150 g
Garnelen	240 g
Hackfleisch von Kalb und Schwein (10–12 % Fett)	110 g
Hackfleisch von Kalb und Schwein (8–10 % Fett)	130 g
Hähnchen (Hackfleisch)	160 g
Hähnchen (mit Haut)	110 g
Hähnchenbrust (ohne Haut)	200 g
Hähnchenfleisch (ohne Haut)	150 g
Heilbutt	170 g
Heilbutt, schwarzer	100 g
Hering, frisch	100 g
Hummer (Kaiserhummer)	210 g
Hüttenkäse (1,5 % Fett. i. Tr.)	280 g
Hüttenkäse (20 % Fett. i. Tr.)	200 g
Kabeljau	240 g
Kalbskeule (Wiener Schnitzel)	200 g
Kalbskotelett ohne Fettrand	150 g
Kalbsleber	170 g
Kalbsschnitzel	190 g
Käse (20 % Fett. i. Tr.)	90 g
Käse, geräuchert (auf Magermilchbasis)	300 g
Kassler	160 g
Knoblauchmettwurst (9 % Fett)	110 g
Krebsschwänze	300 g
Lachs	120 g

Lammfilet (pariert)	180 g
Lammfleisch (gehackt 10–12 % Fett)	120 g
Lammkeule (pariert)	145 g
Makrele (geräuchert)	70 g
Makrele (roh)	70 g
Makrele in Tomatensauce	125 g
Muscheln	200 g
Pangasius	280 g
Puten-Bacon	150 g
Putenbrust	200 g
Putenhackfleisch	140 g
Quark (1 % Fett. i. Tr.)	270 g
Räucherlachs	120 g
Reh (pariert)	200 g
Rinderfilet (pariert)	140 g
Rinderfilet (pariert)	150 g
Rinderhackfleisch, (3–6 % Fett)	160 g
Rinderhackfleisch, (8–10 % Fett)	130 g
Rumpsteak	160 g
Schinkenbraten	170 g
Schinkenschnitzel	200 g
Schinkenstreifen	170 g
Schweinefilet	170 g
Schweinefilet (entsehnt)	190 g
Schweinehackfleisch (10 % Fett)	120 g
Schweinehackfleisch (3 % Fett)	170 g
Schweinehackfleisch (6 % Fett)	140 g
Schweineleber	160 g
Seelachs	220 g
Skyr (0,2 % Fett. i. Tr.)	300 g
Steinbutt	220 g
Tafelspitz (Rind)	100 g
Thunfisch, frisch	170 g
Thunfisch in Öl	100 g
Thunfisch in Wasser	150 g
Tintenfisch (ohne Panade)	230 g

AUSTAUSCHTABELLEN
So kommen Sie ans Ziel!

KOHLENHYDRATE	
Ballaststoffkeks	40 g
Belugalinsen (gekocht)	75 g
Belugalinsen (getrocknet)	30 g
Bohnenspaghetti (gekocht)	80 g
Bohnenspaghetti (getrocknet)	30 g
Eiweißbrot	65 g
Erbsen	130 g
Graupen (gekocht)	75 g
Graupen (getrocknet)	30 g
Kichererbsen (gekocht)	80 g
Kichererbsen (getrocknet)	30 g
Kidneybohnen (gekocht)	80 g
Kidneybohnen (getrocknet)	35 g
Mais	90 g
Möhren (gekocht)	250 g
Pastinaken	160 g
Petersilienwurzel	180 g
Proteinbrot	40 g
Puy-Linsen (gekocht)	75 g
Puy-Linsen (getrocknet)	30 g
Roggenbrot	45 g
Roggenflocken	30 g
Roggenknäckebrot	30 g
Roggenkörner, poliert (gekocht)	75 g
Roggenkörner, poliert (getrocknet)	30 g
Roggennudeln (gekocht)	75 g
Roggennudeln (getrocknet)	30 g
Soja-Fettuccine (gekocht)	80 g
Soja-Fettuccine (getrocknet)	30 g
Soja-Fettuccine (grün, getrocknet)	30 g
Soja-Fettuccine (grün, gekocht)	80 g
Topinambur	150 g
Vollkornnudeln (gekocht)	75 g
Vollkornnudeln (getrocknet)	30 g
Vollkorntortilla	45 g

BESONDERE EXTRAS	
Avocado	40 g
Bacon, gebraten	15 g
Bacon, roh	25 g
Béchamelsauce (4 % Fett)	90 g
Blauschimmelkäse (60 % Fett. i. Tr.)	18 g
Crème fraîche (6 % Fett. i. Tr.)	90 g
Crème fraîche (9 % Fett. i. Tr.)	70 g
Crème fraîche (18 % Fett. i. Tr.)	35 g
Crème fraîche (38 % Fett. i. Tr.)	20 g
Doppelrahm-Frischkäse klassisch	30 g
Doppelrahm-Frischkäse light	45 g
Erdnüsse	13 g
Feta-Käse (40 % Fett. i. Tr.)	25 g
Griechischer Joghurt (2 % Fett. i. Tr.)	100 g
Griechischer Joghurt (10 % Fett. i. Tr.)	50 g
Haselnüsse	12 g
Käse (30 % Fett. i. Tr.)	30 g
Käse (45 % Fett. i. Tr.)	20 g
Kochsahne (8 % Fett. i. Tr.)	60 g
Kokosmilch	45 g
Kokosmilch light	120 g
Mandeln	14 g
Mayonnaise	10 g
Mornaysauce (5 % Fett)	70 g
Mornaysauce (14 % Fett)	40 g
Mozzarella (frisch)	30 g
Mozzarella (gerieben 40 % Fett. i. Tr.)	25 g
Oliven (grün, mit Paprika gefüllt)	70 g
Oliven (Kalamata)	50 g
Oliventapenade	30 g
Parmesan	17 g
Pesto (grün/rot)	15 g
Pinienkerne	10 g

Sahneersatz (4 % Fett. i. Tr.)	130 g	Sahne (13 % Fett. i. Tr.)	50 g
Sahneersatz (7 % Fett. i. Tr.)	15 g	Schlagsahne	20 g
Sahneersatz (15 % Fett. i. Tr.)	45 g	Serranoschinken	25 g
Remoulade	20 g	Walnüsse	10 g
Sahne (9 % Fett. i. Tr.)	60 g		

Vergessen Sie die Zwischenmahlzeiten nicht!

Wenn Sie Ihren Kurs beibehalten wollen, muss der Blutzucker stabil sein. Um das zu erreichen, müssen Sie für Zwischenmahlzeiten sorgen. Zwischenmahlzeiten sind wichtig. Lassen Sie sich nicht dazu hinreißen, diese zu überspringen, nur um ein paar Kalorien zu sparen. Meist erleiden Sie dann nämlich am Nachmittag einen regelrechten Zusammenbruch. Der Blutzucker fällt in den Keller und der Schokoriegel wird zum rettenden Engel. Die Zwischenmahlzeiten schenken Ihnen einen vollen Bauch und Zeit, umzudenken, sodass Sie nicht bei Schokokrümeln in den Mundwinkeln und einem übervollen Teller am Abend landen.

Zwischenmahlzeiten müssen einfach verfügbar sein, besonders, wenn Sie unterwegs sind. Hier kommt mein Angebot an Zwischenmahlzeiten, die Sie auf Linie halten. Die folgenden Zwischenmahlzeiten liefern jeweils 140 Kilokalorien und sind perfekt für Ihren neuen Lebensstil, da sie Sättigung und einen stabilen Blutzucker erzeugen.

Bei den Rezepten finden Sie Vorschläge für Zwischenmahlzeiten, die besonders wenig Vorbereitung brauchen.

Versuchen Sie es damit an einem Tag, an dem Sie Zeit und Energie haben. Der Einsatz lohnt sich!

Die Süßen ...

- *AUF DIE SCHNELLE – Birnen-Vanille-Skyr mit Schokolade ohne Zuckersatz (S. 54)*
- *AUF DIE SCHNELLE – Blaubeerglück mit Schokolade (S. 46)*
- *1 hausgemachter Muffin (S. 150)*
- *25 süße gebrannte Mandeln (S. 58)*
- *Vanille-Skyr mit Kürbiskernmüsli (S. 64)*
- *Skyr mit Schokoladenmüsli (S. 60)*
- *150 g Vanille-Skyr + 1 Schokoschnitte + 8 Mandeln*
- *1 Apfel (150 g) + 10 g Speck-Chips*
- *1 kalorienarmer Schokoriegel mit Ballaststoffen*
- *1 zuckerfreies Marzipanbrot*

Die Herzhaften ...

- *AUF DIE SCHNELLE – Flotte Zwischenmahlzeit (S. 48)*
- *AUF DIE SCHNELLE – Käse-Schinken-Brot „to go" (S. 52)*
- *AUF DIE SCHNELLE – Knäckebrot mit Frischkäse (S. 50)*
- *2 grüne Frikadellen (S. 56)*
- *1 Körnerhappen (S. 146)*
- *2 pikante Rinderfrikadellen (S. 62)*

- *2 Käsestückchen + 1 Eiweißbrot*
- *100 g Hüttenkäse*
  (20 % Fett. i. Tr.) + 100 g Möhren
- *40 g Emmentaler*
- *25 g Erdnüsse*
- *2 Ballaststoff-Kekse +*
  2 Schmelzkäseecken

Auf Kalorien-„Winzlinge" achten!

Zwischenmahlzeiten sind gut. Nutzen Sie sie, aber behalten Sie die Kontrolle. Kalorien können listige Schlingel sein, die sich einschleichen und den verfügbaren Betrag auf dem Kalorienkonto schmälern, auch wenn „es nicht so viel ist" und „es so gut schmeckt" oder „es waren ja nur ein paar Mandeln mehr" … Im Laufe des Tages summieren sich diese Sünden.

Um abzunehmen, muss Ihre tägliche Energiezufuhr geringer sein als die Energie, die Sie verbrauchen. So einfach ist das. Auch wenn Sie Ihren Blutzucker stabil halten, können Sie nicht einfach lockerlassen. Bevor Sie sich umsehen, haben Sie das gesamte Tageskonto ausgeschöpft. Wenn Sie den Betrag nicht vernünftig umsetzen, werden Sie sich gegen Abend bald wieder hungrig fühlen. Und dann wird das extra Dessert zur echten Verführung.

- -

Kontrolle und Prioritäten

Essen ist der Brennstoff für unseren Körpers. Aber Essen ist noch viel mehr. Es ist ein wichtiger Teil unserer Kultur. Nach einem harten Tag ist es wunderbar, sich mit etwas Leckerem auf die Couch zu lümmeln. Und bei Festen muss gefeiert werden. Es wird eher zu viel als zu wenig eingekauft, wenn es um die Bewirtung der Gäste geht.

Ex-Raucher haben mir erzählt, dass es leichter war, mit dem Rauchen aufzuhören, als die Ernährung umzustellen. Essen umgibt uns – wie viele anderen Verlockungen. Haben Sie deshalb Geduld mit sich. Integrieren Sie die neuen Gewohnheiten Schritt für Schritt. Beginnen Sie mit den Veränderungen, die Ihnen am einfachsten fallen. Sie werden den Unterschied zu Ihren alten Gewohnheiten schnell bemerken.

Entscheiden Sie sich!

Wir sind soziale Wesen, die ständig Entscheidungen treffen müssen. Manchmal ist das nicht so einfach. Wir möchten niemanden verletzen, wenn wir bei der Geburtstagsfeier nicht zuschlagen wie die Scheunendrescher oder das Angebot des netten Arbeitskollegen, doch bitte das selbst gemachte Gebäck zu probieren, ablehnen. Vielleicht lehnen wir solche Angebote ab, weil wir merken, wie gut uns der neue Lebensstil tut. Mein Rat: Bleiben Sie standhaft und setzen Sie Prioritäten. Wenn sich die Menschen im Ihrem Umfeld darüber beschweren, dass Sie auf sich ach-

ten, ist das sehr ärgerlich – für die anderen. Wenn diese aber sehen, wie Sie aufblühen, wird wahrscheinlich auch Ihr Umfeld bald Lust auf einen Kickstart bekommen.

In Ihrem Leben spielen Sie die Hauptrolle!

Sie sind bloß Zuschauer in dem Leben, das Sie gern leben möchten? Vielleicht träumen Sie davon, einmal wieder schwimmen zu gehen, lassen es aber bleiben, weil Ihnen Ihr Badeanzug schon lange nicht mehr passt oder Sie es unangenehm finden, Ihren Körper zu zeigen. Vielleicht träumen Sie vom Reisen, bleiben aber zu Hause, weil es beschwerlich ist, Ihren Körper zu tragen. Oder Sie möchten gern mit auf das Foto mit den Freunden, verzichten aber darauf, weil Sie sich nicht fotogen fühlen.

Betreten Sie die Bühne und erfüllen Sie sich Ihren Traum. Versuchen Sie nicht, ihn zu verdrängen. Ihr Traum zeigt Ihnen den Weg, den Sie verfolgen sollten. Ich sehe jeden Tag die Kraft in den Augen meiner Kursteilnehmer, wenn diese ihren Träumen folgen. Und es gelingt ihnen täglich, ihrem Ziel Schritt für Schritt näher zu kommen.

Nehmen Sie Ihre Gefühle ernst!

Wäre es so einfach, schlank und glücklich zu sein, wäre dieses Buch nicht notwendig. Werfen Sie sich also nicht vor, Sie machten alles falsch, seien dumm oder zu schwach, wenn Sie beim Versuch, den Kurs zu halten, abdriften. Das

ist ganz normal. Unser Gefühlsleben ist eine vielfältige innere Welt. Auch wenn Ihr Kopf entschieden hat, die Werkzeuge zu nutzen, die Sie zum Ziel führen, muss der Körper nicht unbedingt überzeugt sein. Eines ist jedoch sicher: Wenn Sie sich immer wieder sagen, dass es richtig ist, die Bäckerei links liegen zu lassen, während Sie im Grunde nichts anderes im Sinn haben, als den Laden zu stürmen, gibt es dafür eine Ursache.

Gründe kann es viele geben. Wichtig ist, dass Sie sie ernst nehmen. Gehen Sie geduldig mit sich um, und tasten Sie sich an den Kern heran. Muster bilden sich im Laufe vieler Jahre. Erwarten Sie nicht, dass Sie diese innerhalb eines Tages durchbrechen können. Vielleicht gibt es in Ihrem Leben ungelöste Probleme. Oder Geheimnisse, die bis in Ihre Kindheit zurückreichen. Suchen Sie professionelle Hilfe, wenn Sie eine helfende Hand benötigen. Sie sind zu wichtig und das Leben ist zu kurz, um es mit Selbstsabotage zu verbringen.

Legen Sie Ihre Motivation fest!

Wie sieht Ihre Motivation aus? Je konkreter Sie diese formulieren, desto besser. Vielleicht möchten Sie gern Ihre Schuhe binden können, ohne den Fuß auf den Stuhl zu setzen. Vielleicht möchten Sie Ihre Chancen erhöhen, den Enkeln beim Großwerden zuzusehen. Vielleicht möchten Sie gern mit den Kindern ins Schwimmbad – ohne, dass Sie sich schlecht fühlen. Finden Sie Ihre Motivation! Und verlieren Sie sie nicht aus den Augen.

Prioritäten setzen!

Nicht das Essen sollte sie steuern, Sie sollten das Essen steuern. Das ist oberste Priorität. Wenn Sie sich dafür entscheiden, die Erdbeertorte zu probieren, lassen Sie den Zitronenkuchen stehen. Es ist nicht schlimm, wenn Sie nicht immer bekommen, was Sie wollen. Sie können nicht das Leben führen, das Sie möchten, wenn Sie jeden Kuchen essen, der Ihnen zufällig begegnet.

Fragen Sie sich einfach: Was habe ich davon, wenn ich dies oder jenes esse? Die Antwort wird wahrscheinlich sein: ein tolles Gefühl, und zwar unmittelbar. Gehen Sie jetzt einen Schritt weiter und fragen Sie sich: Was geschieht fünf Minuten, nachdem ich gegessen habe? Versuchen Sie, sich an eine solche Gelegenheit zu erinnern. Hielt das Glücksgefühl nur kurz? Fühlten Sie sich nicht noch trauriger als zuvor? Wenn ja – worin besteht dann der Gewinn?

Ich rate meinen Kursteilnehmern immer, eine Art mentales Garagentor zu installieren. Lassen Sie es herunter, wenn Sie das nächste Mal vor einer Entscheidung stehen, die Sie vom Weg abbringt. Auf dem Tor steht: Wenn ich „Nein" sage, sage ich „Ja" zur mir selbst. Aber Achtung: Wenn Sie die Gabel schon im Kuchen haben, dann genießen Sie ihn! Mit allen Sinnen. Ganz offen. Und nicht etwa heimlich. Essen darf kein Schuldbewusstsein verursachen. Denken Sie daran, dass es in diesem Moment angemessen war und dass es jetzt weitergeht!

UNTERSTÜTZUNG NÖTIG?

In diesem Buch finden Sie das Werkzeug, das Sie für einen natürlichen Gewichtsverlust benötigen. Vielleicht aber brauchen Sie mehr Unterstützung. Eine helfende Hand, die Sie versteht und auf dem Weg zum Ziel sanft in die richtige Richtung schubst. Dann suchen Sie sich Hilfe bei einem Diätassistenten. Wie ein Arzt unterliegt er der Schweigepflicht, sodass Sie bei ihm auch mögliche Frustrationen abladen können und Antworten auf Fragen erhalten, die Sie bedrücken. Er oder sie hält persönlichen Kontakt, leistet moralische Unterstützung, wenn es mal schiefläuft, und bietet Hilfe, den Fokus vom Negativen ins Positive zu lenken. Beim Diätassistenten erhalten Sie Motivation, Unterstützung und Kontrolle.

Der von Ihrem Diätassistenten erstellte individuelle Ernährungsplan wird Ihre persönliche Präferenzen im Hinblick auf das Essen berücksichtigen – ob religiös oder durch Krankheiten bedingt. Ihre Arbeitszeiten und die Möglichkeiten, im Laufe des Tages Zugang zu Nahrung zu erhalten, sind ebenso wichtig wie Ihre wirtschaftlichen Verhältnisse. Ihr Diätassistent wird schnell herausfinden, was nötig ist, damit Sie Ihr Ziel erreichen.

BEWEGUNG BESCHLEUNIGT IHREN GEWICHTSVERLUST

Dieses Buch beschäftigt sich mit dem Essen, das Sie zu sich nehmen sollten, um einen bleibenden Gewichtsverlust mit stabilem Blutzucker zu erreichen. Bewegung ist ein guter Helfer dabei. Wenn Sie im Alltag ein bisschen Sport treiben, werden Sie Ihren Gewichtsverlust in Kombination mit Ihrer Ernährungsumstellung weiter beschleunigen. Wichtig ist, dass Sie die Menge an Nahrung nicht steigern, denn dann werden Sie keine Gewichtsabnahme feststellen. Das Sofa hat oft eine magische Anziehungskraft. Wenn Sie aber Sport erst einmal in Ihren Alltag integrieren, wird es einfacher, sich von dieser Anziehungskraft zu befreien. Versuchen Sie, Sport systematisch in Ihren Alltag einzuplanen.

Bewegung bedeutet nicht unbedingt, dass Sie Mitglied im örtlichen Fitnessclub werden müssen. Sport kann auch eine 6-Kilometer-Radtour hin zum Fitnessstudio und wieder zurück sein. Wichtig ist, dass Sie eine Sportart finden, die Sie mögen. Eine Sportart, die zu Ihnen, Ihrem Alltag und nicht zuletzt zu Ihrem Gewicht passt, damit Sie sich nicht verletzen.

EXTRAS

- Energie

- Freude

- Zeit für sich selbst

- Freiraum

- Zeit abseits des Sofas

REZEPTE

Rezepte sollten nicht nur auf dem Papier schön aussehen, sondern auch im Alltag umsetzbar sein. In vielen schicken Kochbüchern werden oft ganz andere Zutaten als die verwendet, die Sie im Supermarkt oder beim Discounter finden können. Das ist hier nicht so. Die folgenden Rezepte sind auf den hektischen Alltag abgestimmt. Die allermeisten Zutaten können Sie in Ihrem Lebensmittelgeschäft einkaufen. Die Rezepte sind lecker und leicht nachzukochen. Und Sie werden herrlich satt. Das Leben ist nun mal leichter, wenn wir satt sind und der Hunger nicht ständig an die Tür klopft …

INSPIRATION FINDEN

Die Rezepte in diesem Buch sind in Frühstück, Zwischenmahlzeiten, Zweites Frühstück, Hauptgerichte und Beilagen eingeteilt – und ein bisschen etwas für Naschkatzen ist auch dabei. Alle Rezepte garantieren einen stabilen Blutzucker. In jeder Kategorie habe ich fünf Rezepte kreiert, die ich „Auf die Schnelle" nenne. Sie sind superschnell zubereitet, wenn der Tag hektisch ist und das Essen rasch auf den Tisch soll. Die Rezepte jeder Kategorie enthalten eine ähnliche Kalorienmenge. Bewegen Sie sich deshalb quer durch das Buch und finden Sie genau die Rezepte, die Ihnen von den verschiedenen Mahlzeittypen am meisten zusagen.

Erweitern Sie Ihren inneren Speiseplan und verwenden Sie die Rezepte, wie sie sind oder als Inspiration für Gerichte, die Sie im Hinterkopf haben. Abhängig von Ihrem Tagesablauf müssen Sie sich darauf einstellen, etwas mehr Zeit zu investieren, um mit den neuen Zutaten auf Ihrem Speiseplan vertraut zu werden. Doch schon bald werden Sie Routine entwickeln. Diese Zeit ist gut investiert!

Erhöhen oder verringern Sie den Anteil an Gewürzen, Kräutern oder Knoblauch, tauschen Sie Zutaten aus, wenn Ihnen danach ist. Vielleicht möchten Sie Pilze gegen ein Gemüse austauschen, das Sie lieber mögen oder vielleicht lieber Schweine- statt Rinderhackfleisch verwenden. (Achtung! Der Fettanteil muss derselbe sein.) Experimentieren Sie einfach drauflos! Sie können sich aber auch genau an die Rezepte halten. Vielleicht werden Sie überrascht und Sie finden einen neuen Favoriten.

ERDBEER-SMOOTHIE

Für 1 Person

- 200 g Skyr
- 125 g Erdbeerwürfel, tiefgekühlt
- 50 ml kaltes Wasser
- ¼–½ TL Flüssigsüßstoff
oder flüssiges Stevia
- nach Belieben gefrier-
getrocknete Erdbeeren
zum Garnieren
- 20 Mandeln

Den Skyr und die Erdbeerwürfel mit Wasser mixen. Mit Flüssigsüßstoff oder flüssi-
gem Stevia abschmecken.

In einem hohen Glas mit einigen gefrier-
getrockneten Erdbeeren als Garnierung
servieren.

Mandeln zum Knabbern dazulegen.

Nährwert: 1262 kJ (302 kcal) pro Portion
Eiweiß: 38,6 % | Fett: 51,5 % | Kohlenhydrate: 9,9 %

MORGENSYMPHONIE

AUF DIE SCHNELLE

Für 1 Person

- 40 g Käse
  (30 % Fett. i. Tr.)
- 2 Scheiben Hähnchen-
  aufschnitt
- 2 Scheiben Roggen-
  knäckebrot
- 4 Gurkenscheiben
- 100 g Skyr
- 50 g Himbeeren

Den Käse und den Hähnchenaufschnitt auf den Knäckebrotscheiben verteilen. Mit den Gurkenscheiben garnieren.

Den Skyr in einer kleinen Schale oder einem Glas anrichten, mit den Himbeeren garnieren.

Das Knäckebrot und den Skyr gemeinsam auf einem Teller servieren.

Nährwert: 1241 kJ (299 kcal) pro Portion
Eiweiß: 42,6 % | Fett: 25,3 % | Kohlenhydrate: 32,1 %

RÜHREI MIT SCHINKEN
UND GERÖSTETEM ROGGENBROT

AUF DIE SCHNELLE

Für 1 Person

- 2 Eier
- 50 g Schinkenstreifen
- ½ TL Thymian, getrocknet (nach Belieben)
- 1 Prise Salz
- ½ Scheibe Roggenbrot (25 g)
- 100 g Gurke
- etwas Schnittlauch (nach Belieben)

Die Eier mit den Schinkenstreifen, dem Thymian und dem Salz verquirlen. In eine kalte, beschichtete Pfanne geben. Unter Rühren erhitzen. Solange rühren, bis die Eimasse stockt.

Das Roggenbrot toasten.

Die Gurke in Scheiben schneiden.

Das Rührei mit dem getoastetem Roggenbrot anrichten, mit dem Schnittlauch garnieren. Die Gurkenscheiben als Beilage servieren.

Nährwert: 1254 kJ (300 kcal) pro Portion
Eiweiß: 34,4 % | Fett: 46,7 % | Kohlenhydrate: 18,9 %

KNACKIGER SKYR MIT BLAUBEEREN

AUF DIE SCHNELLE

Für 1 Person

- 10 Mandeln
- 250 g Skyr mit Birne und Vanille
- 15 g geröstete Kokosflocken
- 50 g Blaubeeren

Die Mandeln hacken.

Den Skyr im Glas anrichten. Mit den gehackten Mandeln, den Blaubeeren und den gerösteten Kokosflocken garnieren.

Nährwert: 1250 kJ (299 kcal) pro Portion
Eiweiß: 37,0 % | Fett: 28,4 % | Kohlenhydrate: 34,6 %

MORGENKICK

Für 1 Person

- 40 g Käse (30 % Fett. i. Tr.)
- 1 Scheibe Roggenknäckebrot
- 2 Streifen rote Paprika
- 100 g griechischer Joghurt
  (2 % Fett. i. Tr.)
- 15 g Kürbiskernmüsli mit
  Erdbeeren

Das Knäckebrot mit dem Käse belegen. Mit den roten Paprikastreifen garnieren.

Den griechischen Joghurt in einer kleinen Schale anrichten, mit Kürbiskernmüsli und Erdbeeren bestreuen.

Das Knäckebrot mit der Joghurtschale gemeinsam auf einem Teller servieren.

KÜRBISKERNMÜSLI

MIT ERDBEEREN

- 200 g Kürbiskerne (ungesalzen)
- 150 g Haselnüsse
- 1–1½ TL Flüssigsüßstoff oder
  flüssiges Stevia
- 2 TL Bio-Vanillepulver (ohne
  Zucker)
- 50 g Haferkleie
- 1 Glas tiefgekühlte Erdbeeren
  (16 g)

Die Kürbiskerne und die Haselnüsse grob hacken. Zusammen mit dem Flüssigsüßstoff und der Bio-Vanille in einer Pfanne 2 Minuten erhitzen. Haferkleie dazugeben. Vorsicht, dass die Mischung nicht anbrennt!

Die Temperatur reduzieren, wenn der Flüssigsüßstoff verkocht ist und die Mischung eine goldgelbe Farbe angenommen hat. Abkühlen lassen und die tiefgekühlten Erdbeeren dazugeben. In ein Glas abfüllen.

Das Müsli schmeckt fantstisch in Kombination mit verschiedenen Sauermilchprodukten wie Skyr oder griechischem Joghurt. Auch als Zwischenmahlzeit ist das Müsli hervorragend geeignet.

Rezept 1: Nährwert: 1262 kJ (302 kcal) pro Portion
Eiweiß: 32,0 % | Fett: 43,9 % | Kohlenhydrate: 24,1 %

Rezept 2: Nährwert: 703 kJ (168 kcal) pro 30 g
Eiweiß: 13,5 % | Fett: 67,1 % | Kohlenhydrate: 19,4 %

PFANNKUCHEN

MIT ZIMT

Für 1 Person

- 30 g Haferkleie
- 30 g Skyr
- 1 Ei
- 1 Eiweiß (40 g)
- einige Tropfen Flüssigsüßstoff (nach Belieben)
- 1 TL Zimt, gemahlen
- 1 Prise Salz
- 1½ TL Butter zum Braten
- ½ kleiner Apfel, gewürfelt

Alle Zutaten außer der Butter und den Apfelstückchen vermengen. Die Masse 3 Minuten ziehen lassen.

Die Butter in einer beschichteten Pfanne schmelzen. Die Pfannkuchen bei schwacher Hitze ca. 2 Minuten von jeder Seite backen, bis sie goldgelb sind.

Mit den Apfelstückchen und nach Belieben etwas Zimt servieren.

Nährwert: 1300 kJ (308 kcal) pro Portion
Eiweiß: 24,5 % | Fett: 41,7 % | Kohlenhydrate: 33,8 %

PROTEINOMELETTS

MIT SCHINKEN UND SCHNITTLAUCH

Für 1 Person

- 2 EL Flohsamenschalen
- 4 Eiweiße (160 g)
- 125 g Hüttenkäse
  (20 % Fett. i. Tr.)
- 25 g Schinken, in Streifen
- 1 EL Schnittlauch, gehackt
- 1 TL Dijonsenf
- 2 TL Butter zum Backen
- nach Belieben gehackter
  Schnittlauch als Garnierung

Alle Zutaten außer der Butter und dem Schnittlauch vermengen. Die Masse 5 Minuten ziehen lassen. Die Butter in einer beschichteten Pfanne schmelzen. Die Teigmasse auf 4 kleine Omeletts aufteilen. Bei schwacher Hitze 5 Minuten von jeder Seite backen.

Warm servieren. Nach Belieben mit gehacktem Schnittlauch garnieren.

Nährwert: 1283 kJ (307 kcal) pro Portion
Eiweiß: 42,8 % | Fett: 46,3 % | Kohlenhydrate: 10,9 %

BALLASTSTOFF-ROGGENBRÖTCHEN

MIT KÄSE, SCHINKEN UND GEKOCHTEM EI

Für 1 Person

- 1 Ei
- 1 Ballaststoff-Roggenbrötchen (siehe Seite 144)
- 30 g Käse (30 % Fett. i. Tr.)
- 2 Scheiben Schinken
- 1 Ei
- nach Belieben rote Paprika als Garnierung

Das Ei 6–7 Minuten kochen.

Das Ballaststoff-Roggenbrötchen aufschneiden und leicht toasten. Mit dem Käse und dem Schinken belegen. Das Brötchen mit dem weich gekochtem Ei anrichten. Nach Belieben mit roten Paprikastreifen garnieren.

Nährwert: 1237 kJ (310 kcal) pro Portion
Eiweiß: 32,2 % | Fett: 41,2 % | Kohlenhydrate: 26,6 %

BLAUBEERGLÜCK MIT SCHOKOLADE

AUF DIE SCHNELLE

Für 1 Person

- 8,75 g dunkle Stevia-Schoko-lade
- 125 g Skyr mit Blaubeeren und schwarzen Johannisbeeren
- 25 g Blaubeeren

Die Schokolade grob hacken. Den Skyr im Portionsglas anrichten. Mit den Blaubeeren und der gehackter Schokolade bestreuen.

Nährwert: 577 kJ (138 kcal) pro Portion
Eiweiß: 38 % | Fett: 29,3 % | Kohlenhydrate: 32,7 %

FLOTTE ZWISCHENMAHLZEIT

AUF DIE SCHNELLE

Für 1 Person

- 100 g Gurke
- 2 Ballaststoffkekse
- 20 g Leberpastete
- 2 Scheiben Rinder- oder Kalbszunge
- nach Belieben etwas Bratensaft
  und Zwiebel als Garnierung

Die Gurke in mundgerechte Stücke schneiden.

Die Ballaststoffkekse mit Leberpastete bestreichen. Die Rinder- oder Kalbszunge dazwischenlegen.

Nach Belieben mit Bratensaft und Zwiebelringen garnieren.

Nährwert: 581 kJ (139 kcal) pro Portion
Eiweiß: 30,7 % | Fett: 33,5 % | Kohlenhydrate: 35,8 %

KNÄCKEBROT MIT FRISCHKÄSE

AUF DIE SCHNELLE

Für 1 Person

• 1 Scheibe Roggenknäckebrot
• 35 g Frischkäse light
• 30 g Räucherfilet (2 Scheiben)
• 100 g Cherry-Tomaten

Das Knäckebrot mit Frischkäse bestreichen. Das Räucherfilet darauf verteilen und mit Cherry-Tomaten garniert servieren.

Nährwert: 585 kJ (140 kcal) pro Portion
Eiweiß: 32,8 % | Fett: 31,1 % | Kohlenhydrate: 36,1 %

KÄSE-SCHINKEN-BROT „TO GO"

AUF DIE SCHNELLE

Für 1 Person

• 2 Ballaststoffkekse
• 30 g Schinken
• 25 g Käse (30 % Fett. i. Tr.)
• Radieschen zum Garnieren

Den Schinken und den Käse zwischen die beiden Ballaststoffkekse legen. Nach Belieben mit Radieschen garnieren.

Nährwert: 610 kJ (146 kcal) pro Portion
Eiweiß: 40,3 % | Fett: 34,6 % | Kohlenhydrate: 25,1 %

BIRNEN-VANILLE-SKYR
MIT SCHOKOLADE

Für 1 Person

- 8,75 g helle Stevia-Schokolade
- 6 Mandeln
- 100 g Skyr mit Birne und
  Vanille (auch Skyr ohne
  Geschmack ist für dieses
  Rezept geeignet)

Die Schokolade und die Mandeln grob hacken.

Den Skyr in einem Portionsglas anrichten. Mit den gehackten Mandeln und der Schokolade bestreuen.

Nährwert: 585 kJ (144 kcal) pro Portion
Eiweiß: 32,9 % | Fett: 38,0 % | Kohlenhydrate: 29,1 %

GRÜNE FRIKADELLEN

Für 15 Stück

- 1 Zwiebel
- 3 Knoblauchzehen
- 4 Handvoll Petersilie
- 1 Frühlingszwiebel
- 600 Schweinehackfleisch (3–6 % Fett)
- 1 TL Rosmarin, getrocknet
- 1½ TL grobes Salz
- 1 Ei
- 100 ml fettarme Milch
- 1 Scheibe Roggenknäckebrot (zerbröselt)
- 1 EL Olivenöl zum Braten

Die Zwiebeln und die Knoblauchzehen schälen und grob reiben.

Die Petersilie und die Frühlingszwiebel sehr fein hacken.

Hackfleisch mit Zwiebel, Knoblauch, Frühlingszwiebel, Rosmarin, Salz, Ei, fettarmer Milch und zerbröseltem Roggenknäckebrot vermischen.

Die Frikadellen bei mittlerer Hitze in der Pfanne braten, bis sie goldgelb sind.

Zwei Frikadellen als leckere Zwischenmahlzeit „to go" essen.

Nährwert: 293 kJ (72 kcal) pro Frikadelle
Eiweiß: 47,0 % | Fett: 43,7 % | Kohlenhydrate: 9,3 %

SÜSSE GEBRANNTE MANDELN

Für 15 Portionen

- 400 g Mandeln
- 200 ml zuckerfreier Vanille-sirup

Die Mandeln und den Sirup in einer Pfanne erhitzen, bis der Sirup verkocht ist. Die Mandeln auf Backpapier auf einem Blech ausbreiten. Im Ofen bei 200 °C ca. 10 Minuten rösten, bis sie vollständig trocken sind.

Abkühlen lassen und voneinander trennen. Die süßen, gebrannten Mandeln in einer luftdichten Dose aufbewahren.

Tipp: Den leckeren, zuckerfreien Sirup gibt es in vielen Varianten. Er ist in gut sortierten Delikatessengeschäften oder online erhältlich.

Nährwert: 598 kJ (143 kcal) pro Portion (ca. 25 Mandeln)
Eiweiß: 15,6 % | Fett: 64,6 % | Kohlenhydrate: 19,8 %

SKYR

MIT SCHOKOLADENMÜSLI

Für 1 Person

- 100 g Skyr
- 15 g Schokoladenmüsli

Den Skyr im Glas anrichten, mit Schoko-müsli bestreuen und kaltstellen.

SCHOKOLADENMÜSLI

- 200 g Mandeln
- 200 g Haselnüsse
- 100 g getrocknete Aprikosen
- 3 Stücke dunkle Stevia-Scho-kolade

Die Mandeln und die Haselnüsse grob hacken. Auf ein Backblech geben und bei 200 °C 15–20 Minuten goldgelb ausba-cken. Vollständig abkühlen lassen.

Die getrockneten Aprikosen in mundge-rechte Stücke schneiden.

Die Schokolade grob hacken und mit den getrockneten Aprikosen vermengen.

Das Müsli ist zum Frühstück ebenso geeig-net wie als Zwischenmahlzeit.

Rezept 1: Nährwert: 585 kJ (140 kcal) pro Portion
Eiweiß: 37,8 % | Fett: 38,3 % | Kohlenhydrate: 23,9 %

Rezept 2: Nährwert: 665 kJ (159 kcal) pro 30 g
Eiweiß: 10,2 % | Fett: 65,6 % | Kohlenhydrate: 24,2 %

PIKANTE RINDERFRIKADELLEN

Für 15 Stück

- 1 Zwiebel
- 3 Knoblauchzehen
- 1 kleine rote Chili
- 600 g Rinderhackfleisch
  (3–7 % Fett)
- 1½ TL grobes Salz
- 1 Ei
- 100 ml fettarme Milch
- 1 Scheibe Roggenknäckebrot
  (zerbröselt)
- 2 TL Kreuzkümmel, gemahlen
- 1 EL Olivenöl zum Braten

Die Zwiebel und die Knoblauchzehen schälen und grob reiben.

Die Samen der Chili entfernen und fein hacken.

Rinderhackfleisch mit Salz, Zwiebel, Knoblauch, Chili, Ei, fettarmer Milch, zerbröseltem Knäckebrot und Kreuzkümmel vermischen.

Das Öl in eine Pfanne geben, die Frikadellen bei mittlerer Hitze goldgelb ausbraten.

Tipp: Zwei Frikadellen als leckere Zwischenmahlzeit „to go" essen.

Nährwert: 293 kJ (70 kcal) pro Frikadelle
Eiweiß: 51 % | Fett: 39,3 % | Kohlenhydrate: 9,7 %

VANILLE-SKYR

MIT KÜRBISKERNMÜSLI

Für 1 Person

- 150 g Skyr mit Vanille (auch Skyr ohne Geschmack ist für dieses Rezept geeignet)
- 10 g Kürbiskernmüsli (siehe Seite 38)

Den Skyr in einem Portionsglas anrichten. Mit Kürbiskernmüsli bestreuen.

Nährwert: 585 kJ (144 kcal) pro Portion
Eiweiß: 33,7 % | Fett: 38,6 % | Kohlenhydrate: 27,7 %

HÜHNCHENSALAT

AUF DIE SCHNELLE

Für 1 Person

- ½ rote Paprika
- 1 Frühlingszwiebel
- 1 Stängel Bleichsellerie
- 150 g Hähnchenbrust, gewürfelt
- 100 g Hüttenkäse (20 % Fett. i. Tr.)
- 1 TL Worcestershiresauce
- 1 TL Dijonsenf
- Salz und Pfeffer
- 1 Scheibe Roggenbrot (50 g)
- ½ rote Paprika als Garnierung

Paprika, Frühlingszwiebel, und Bleichsellerie fein würfeln. Das Gemüse mit Hähnchenbrust, Hüttenkäse, Worcestershiresauce und Dijonsenf mischen. Nach Belieben mit Salz und Pfeffer abschmecken.

Das Roggenbrot toasten und vierteln.

Den Hühnchensalat mit dem getoastetem Roggenbrot und den Paprikastreifen servieren.

Nährwert: 1768 kJ (423 kcal) pro Portion
Eiweiß: 47,0 % | Fett: 21,0 % | Kohlenhydrate: 32,0 %

PROTEINBRÖTCHEN-SANDWICH MIT FÜLLUNG

AUF DIE SCHNELLE

Für 1 Person

- 1 Proteinbrötchen
- 20 g Frischkäse light
- 2 Scheiben Kassler
- 200 g Gurke
- Rucolasalat

Das Brötchen aufschneiden, mit dem Frischkäse bestreichen und mit dem Kassler belegen.

Die Hälfte der Gurke in Scheiben schneiden und mit dem Rucola auf dem Brötchen verteilen. Beide Brötchenhälften zusammenlegen.

Die restliche Gurke in mundgerechte Stücke schneiden.

Das Sandwich kann schnell zubereitet werden und ist optimal für unterwegs. Vorteil: hoher Sättigungsfaktor.

Tipp: Einfach mehrere Brötchen kaufen und einfrieren, dann haben Sie Vorrat, wenn Sie ihn benötigen.

Nährwert: 1672 kJ (416 kcal) pro Portion
Eiweiß: 38,3 % | Fett: 40,0 % | Kohlenhydrate: 21,7 %

WRAP MIT AVOCADO UND RÄUCHERFILET

AUF DIE SCHNELLE

Für 1 Person

- 1 Vollkorntortilla (40 g)
- 60 g Frischkäse light
- 100 g Kassler in Scheiben
- 30 g Avocado-Fruchtfleisch
- etwas Rucola
- Pfeffer, frisch gemahlen
- 200 g rote Paprika

Die Tortilla mit Frischkäse bestreichen. Kassler, fein geschnittene Avocadoscheiben und etwas Rucola darauf verteilen. Mit Pfeffer würzen.

Den Wrap zusammenrollen und vor dem Halbieren 10 Minuten ziehen lassen.

Paprika waschen, putzen und in feine Streifen schneiden.

Den Wrap mit Paprikastreifen servieren.

Tipp: Einfach in der Brotbox mitnehmen. Der Wrap kann auch gut am Vortag zubereitet werden.

Nährwert: 1755 kJ (420 kcal) pro Portion
Eiweiß: 32,4 % | Fett: 33,3 % | Kohlenhydrate: 34,2 %

BOHNENSALAT

MIT EI UND SCHINKEN

Für 1 Person

- 200 g Bohnen, tiefgekühlt
- 1 Knoblauchzehe
- 1 TL Olivenöl
- 1 TL Balsamicoessig
- ¼ TL Salz
- 2 Eier
- 100 g Schinkenstreifen
- nach Belieben frische Petersilie als Garnierung

Die Bohnen auftauen und halbieren.

Die Knoblauchzehe pressen und mit Olivenöl, Balsamicoessig und Salz vermengen. Das Dressing über die Bohnen geben und ziehen lassen, während die Eier 6–8 Minuten kochen.

Die Eier in Viertel schneiden.

Den Bohnensalat mit Ei und Schinkenstreifen garniert servieren. Nach Belieben mit Petersilie garnieren.

Nährwert: 1739 kJ (416 kcal) pro Portion
Eiweiß: 35,9 % | Fett: 49,1 % | Kohlenhydrate: 15,0 %

WARMER HÜHNCHENSALAT

MIT ZITRONE

Für 1 Person

- 200 g Blumenkohl
- 200 g Hähnchenbrustfilet
- ½ dicke Knoblauchzehe
- 1 TL Trüffelöl (ersatzweise Olivenöl)
- 2 TL Sojasauce
- 1 sonnengetrocknete Tomate in Würfeln
- 1 EL Wasser
- 75 g Graupen (30 g ungekocht)
- geriebene Schale einer ½ ungespritzten Zitrone
- nach Belieben frische Petersilie als Garnierung

Den Blumenkohl in Röschen teilen.

Das Hähnchenfleisch in Würfel von ca. 1 cm Größe schneiden.

Den Knoblauch schälen und fein hacken.

Hähnchenwürfel und Knoblauch, Sojasauce und sonnengetrocknete Tomate 3–5 Minuten in Trüffelöl braten. Nach Belieben etwas Wasser zugeben, damit das Fleisch nicht anbrennt.

Graupen, Zitronenschale und Blumenkohl dazugeben. Alles für 2–3 Minuten erhitzen.

Den Salat warm servieren. Nach Belieben mit frischer Petersilie garnieren.

Nährwert: 1775 kJ (425 kcal) pro Portion
Eiweiß: 48,2 % | Fett: 20,2 % | Kohlenhydrate: 31,6 %

QUESADILLA

MIT SCHINKEN UND KÄSE

Für 1 Person

- 1 Tomate
- 100 g rote Paprika
- 40 g Mozzarella, gerieben (30 % Fett. i. Tr.)
- 100 g Schinkenstreifen
- 1 Vollkorntortilla (40 g)
- 1 TL mildes Paprikapulver
- 5 Zuckererbsen

Die Tomate in Scheiben schneiden.

Die Paprika längs aufschneiden, Samen und Scheidewände entfernen und in Streifen schneiden.

Mozzarella, Schinkenstreifen und Paprika vermischen. Auf der Tortilla verteilen und diese zusammenfalten.

Quesadilla bei 200 °C 12 Minuten backen, bis der Käse geschmolzen ist. Vorsichtig öffnen und die Tomatenscheiben hineinlegen.

Mit Paprikapulver abschmecken und mit den Zuckererbsen servieren.

Nährwert: 1755 kJ (432 kcal) pro Portion
Eiweiß: 33,2 % | Fett: 36,3 % | Kohlenhydrate: 30,5 %

HÜHNCHENSALAT

MIT TERIYAKIMARINADE

Für 1 Person

• 1 Knoblauchzehe
• 2 TL Teriyakisauce
• 1 TL Thymian, getrocknet
• 1 TL Trüffelöl (ersatzweise
  Olivenöl)
• 200 g Hähnchenbrustfilet
• 150 g Brokkoli
• 75 g Graupen (30 g ungekocht)
• nach Belieben frischer Thymian
  als Garnierung

Die Knoblauchzehe schälen und mit der Knoblauchpresse pressen.

Teriyakisauce, getrockneten Thymian, Trüffelöl und Knoblauch vermengen.

Das Hühnchenfleisch in Würfel von 1 cm Größe schneiden. Das Fleisch in der Marinade wenden.

Den Brokkoli in kleine, mundgerechte Stücke teilen. Mit kochendem Wasser übergießen. 3 Minuten ziehen lassen, dann das Wasser abgießen.

Die Hühnchenwürfel in einer Pfanne 3–5 Minuten braten. Brokkoli und Graupen zugeben, etwa 2 Minuten weiter rösten, bis das Gericht heiß ist.

Den Hühnchensalat mit frischem Thymian servieren.

Nährwert: 1800 kJ (430 kcal) pro Portion
Eiweiß: 50,4 % | Fett: 20,1 % | Kohlenhydrate: 29,5 %

THUNFISCHSALAT

Für 1 Person

- ½ gelbe Paprika
- ½ kleine, rote Zwiebel
- 2 EL Kapern
- 1 TL Dijonsenf
- 1 Dose Thunfisch in Wasser
- 60 g Doppelrahm-Frischkäse light
- Zitronensaft

Beilage
- 1 Scheibe Roggenbrot (50 g)
- ½ gelbe Paprika

Die Paprika teilen, Samen und Scheidewände entfernen, eine Hälfte in feine Würfel schneiden.

Die rote Zwiebel schälen und ebenfalls fein würfeln.

Die Kapern hacken. Gemüse, Kapern, Dijonsenf, Thunfisch und Frischkäse vermengen. Nach Belieben mit etwas Zitronensaft abschmecken.

Thunfischsalat auf Roggenbrot mit Gemüsesticks aus gelber Paprika servieren.

Nährwert: 1805 kJ (428 kcal) pro Portion
Eiweiß: 45,7 % | Fett: 20,8 % | Kohlenhydrate: 33,5 %

WRAP

MIT RÄUCHERLACHS UND GARNELEN

Für 1 Person

- 1 Vollkorntortilla (40 g)
- 60 g Doppelrahm-Frischkäse light
- 60 g Räucherlachs
- 50 g Garnelen
- 1 Handvoll Rucola
- Pfeffer, frisch gemahlen
- 175 g Möhren
- Zitronensaft
- Nach Belieben Flüssigsüßstoff

Die Tortilla mit dem Frischkäse bestreichen, Lachs, Garnelen und etwas Rucola darauf verteilen. Mit Pfeffer würzen.

Den Wrap zusammenrollen und vor dem Halbieren 10 Minuten ziehen lassen.

Die Möhren reiben. Mit Zitronensaft und nach Belieben mit Flüssigsüßstoff abschmecken.

Den Wrap mit Möhrensalat servieren.

Tipp: Ideal zum Mitnehmen in der Brotbox. Die Wraps können auch am Vortag zubereitet werden.

Nährwert: 1755 kJ (420 kcal) pro Portion
Eiweiß: 33,0 % | Fett: 37,0 % | Kohlenhydrate: 30,0 %

FRÜHLINGSSUPPE

AUF DIE SCHNELLE

Für 4 Personen

Einlage
- 150 g Bacon
- 1 Zwiebel
- 700 g Putenbrust

Suppe
- 3 Brokkoliröschen
- 1 TL Salz

Beilage
- 4 Scheiben Roggenbrot (180 g)
- nach Belieben frisches Basilikum als Garnierung

EINLAGE

Den Bacon in kleine Würfel schneiden.

Die Zwiebel schälen und ebenfalls fein würfeln.

Die Putenbrust in mundgerechte Stücke von ca. 1 cm schneiden.

Bacon, Zwiebel und Putenbrust bei mittlerer Hitze anbraten, bis sie durchgegart sind.

SUPPE

Den Brokkolistrunk abschneiden. Die Röschen von den Stielen trennen. Die Stiele 5 Minuten in Salzwasser kochen. Danach die Röschen zugeben und weitere 3 Minuten kochen. Sie sollten weich, aber nicht übergart sein.

Den Brokkoli mit etwas Kochwasser mixen, bis die Konsistenz cremig ist. Mit Salz abschmecken.

BEILAGE

Das Roggenbrot toasten.

Die Suppe mit geröstetem Putenfleisch, Bacon und getoastetem Roggenbrot servieren. Nach Belieben mit frischem Basilikum garnieren.

Nährwert: 2115 kJ (506 kcal) pro Portion
Eiweiß: 49,9 % | Fett: 23,8 % | Kohlenhydrate: 26,3 %

FRIKADELLEN
MIT GEDÜNSTETEM GEMÜSE

Für 4 Personen

Frikadellen
- 1 Zwiebel
- 2 Knoblauchzehen
- 600 g Rinderhackfleisch
  (3–7 % Fett)
- 1½ TL grobes Salz
- 1 Ei
- 100 ml fettarme Milch
- 1 Scheibe Roggenknäckebrot
  (zerbröselt)
- 2 TL Thymian, getrocknet
- 2 EL Olivenöl

Gedünstetes Gemüse
- 500 g Bohnen (vorzugsweise
  tiefgekühlte, aufgetaute Bohnen verwenden)
- 1½ Zucchini
- 1 Zwiebel
- 2 Knoblauchzehen
- 1 EL Olivenöl
- 250 ml Kochsahne
  (8 % Fett. i. Tr.)
- nach Belieben gehackte Petersilie als Garnierung

FRIKADELLEN

Die Zwiebel und den Knoblauch schälen, fein reiben.

Das Hackfleisch mit geriebener Zwiebel und Knoblauch, Salz, Ei, fettarmer Milch, zerbröseltem Roggenknäckebrot und getrocknetem Thymian vermengen.

Die Frikadellen bei mittlerer Hitze goldgelb braten.

GEDÜNSTETES GEMÜSE

Die Bohnen halbieren, die Zucchini auf die-selbe Größe schneiden.

Die Zwiebel und den Knoblauch hacken. Zusammen mit dem Gemüse in Öl anbra-ten. 4–5 Minuten leicht köcheln lassen. Kochsahne dazugeben, erneut erhitzen.

Die heißen Frikadellen mit gedünstetem Gemüse servieren, nach Belieben mit Pe-tersilie garnieren.

Nährwert: 2110 kJ (505 kcal) pro Portion
Eiweiß: 35,4 % | Fett: 46,2 % | Kohlenhydrate: 18,4 %

HACKSTEAKS MIT SALAT
UND PETERSILIENDRESSING

Für 4 Personen

Graupen
• 120 g Graupen

Petersiliendressing
• 1 Knoblauchzehe
• 3 Handvoll Petersilie
• 400 g griechischer Joghurt
  (2 % Fett. i. Tr.)
• 1 TL Salz
• 1 TL Worcestershiresauce

Salat
• 1½ Gurken
• 1 rote Zwiebel
• 4 Tomaten
• 3 TL Olivenöl
• 2 TL Balsamicoessig
• Salz und Pfeffer

Hacksteak
• 600 g Rinderhackfleisch
  (3–7 % Fett)
• Salz und Pfeffer
• 1 TL Olivenöl
• nach Belieben frische Petersilie
  als Garnierung

GRAUPEN

Die Graupen nach Anleitung kochen (siehe Seite 156).

PETERSILIENDRESSING

Den Knoblauch schälen und mit der Knoblauchpresse pressen.

Die Petersilie waschen und fein hacken.

Knoblauch und Petersilie mit Joghurt, Salz und Worcestershiresauce vermengen.

SALAT

Die Gurken schälen und fein würfeln.

Die Zwiebel schälen und ebenfalls fein würfeln.

Tomaten fein würfeln.

Gemüse mit Öl und Balsamicoessig vermengen, mit Salz und Pfeffer abschmecken.

HACKSTEAK

Aus dem Rinderhackfleisch 4 Hacksteaks formen. Mit Salz und Pfeffer würzen, in Öl braten.

Hacksteaks mit Salat, Dressing und warmen Graupen servieren. Nach Belieben mit frischer Petersilie garnieren.

Nährwert: 2052 kJ (491 kcal) pro Portion
Eiweiß: 40,8 % | Fett: 29,6 % | Kohlenhydrate: 29,6 %

SCHNELLE TOMATENSUPPE MIT HÜHNCHEN

AUF DIE SCHNELLE

Für 4 Personen

Suppe
• 2 l fertige Tomatensuppe
  (3 % Fett)

Einlage
• 2 rote Paprika
• 1 gelbe Paprika
• 600 g Hähnchenbrustfilet
• 1 EL Olivenöl
• nach Belieben frischer Oregano
  als Garnierung

SUPPE

Die Tomatensuppe erhitzen.

EINLAGE

Die Paprika teilen, Samen und Scheidewände entfernen, in feine Würfel schneiden.

Das Hühnchenfleisch würfeln.

Paprika mit Hühnchenwürfeln 3–4 Minuten in der Pfanne anbraten.

Die Suppe warm mit dem Hühnchenfleisch und Paprika als Einlage servieren. Mit frischem Oregano garnieren.

Nährwert: 2120 kJ (507 kcal) pro Portion
Eiweiß: 33,0 % | Fett: 37,8 % | Kohlenhydrate: 29,2 %

HÜHNCHEN AUS DEM WOK

AUF DIE SCHNELLE

Für 4 Personen

- 3 Knoblauchzehen
- 2 Zwiebeln
- 2 gelbe Paprika
- 2 rote Paprika
- 3 Stangen Lauch
- 900 g Hähnchenbrustfilet
- 1 EL Olivenöl
- 1 EL Sesamöl
- 200 ml Kokosmilch (normal)
- 2 EL Sojasauce
- 1 TL Salz
- 2 TL Saucenbinder, hell
- 150 g Bohnensprossen

Den Knoblauch schälen und fein hacken.

Die Zwiebeln schälen und in dünne, halbe Ringe schneiden.

Die Paprika teilen, Samen und Scheidewände entfernen, in Streifen schneiden.

Den Lauch waschen und in dünne Ringe schneiden.

Die Hähnchenbrustfilets der Länge nach teilen.

Knoblauch, Zwiebel und Hähnchen 4–5 Minuten in Oliven- und Sesamöl im Wok anbraten. DIe Filets aus dem Wok nehmen und beiseitestellen. Paprika und Lauch 4–5 Minuten anbraten. Die Hähnchenfilets zusammen mit der Kokosmilch und der Sojasauce dazugeben. Alles 2–3 Minuten köcheln lassen. Mit Saucenbinder binden.

Das Gericht in tiefen Tellern zusammen mit den frischen Bohnensprossen servieren.

Nährwert: 2094 kJ (501 kcal) pro Portion
Eiweiß: 44,5 % | Fett: 36,4 % | Kohlenhydrate: 19,1 %

BEEFSTEAKS

MIT GROBEM GEMÜSEMUS UND ZUCCHINI

Für 4 Personen

Gemüsemus
- 550 g Pastinaken (Abtropf-gewicht)
- 600 g Knollensellerie (Abtropf-gewicht)
- 1 Zucchini
- 40 g Butter
- 4 Knoblauchzehen
- 50 ml Wasser
- 3 Zweige frischer Thymian (oder getrockneter)
- 2 TL Salz

Gemüse und Beefsteaks
- 2 Zucchini
- 4 Beefsteaks à 150 g (aus der Hochrippe)
- Salz und Pfeffer
- 20 g Butter
- nach Belieben frischer Thymian als Garnierung

GEMÜSEMUS

Pastinaken, Knollensellerie und Zucchini grob würfeln.

Den Knoblauch schälen und grob hacken.

Knoblauch, Pastinaken und Knollensellerie 5 Minuten in Butter anschwitzen. Alles darf ruhig gut Farbe annehmen. Wasser, Thymianzweige und Salz zugeben. Die Temperatur reduzieren und das Gemüse für 30 Minuten köcheln lassen.

Die Thymianzweige entfernen, danach alles zu grobem Mus zerdrücken. Mit Salz und Pfeffer abschmecken.

GEMÜSE UND BEEFSTEAKS

Die Zucchini in dünne Streifen schneiden.

Die Beefsteaks mit Salz und Pfeffer würzen. Zucchini und Steaks in einer Pfanne mit etwas Butter braten.

Die Beefsteaks auf dem Gemüsemus mit den gerösteten Zucchini anrichten. Mit frischem Thymian garnieren.

Nährwert: 2107 kJ (504 kcal) pro Portion
Eiweiß: 34,5 % | Fett: 37,2 % | Kohlenhydrate: 28,3 %

GEFÜLLTE ZUCCHINI

MIT SPINATSALAT

Für 4 Personen

Graupen
• 100 g Graupen

Zucchini
• 4 Zucchini

Füllung
• 1 Zwiebel
• 2 Knoblauchzehen
• 450 g Rinderhackfleisch
  (3–7 % Fett)
• 2 Eier
• 1 große Dose Tomatenmark
  (140 g)
• 2 EL Dijonsenf
• 2 TL Rosmarin, getrocknet
• 2 TL Salz
• Pfeffer, frisch gemahlen
• 40 g Käse, gerieben
  (30 % Fett. i. Tr.)

Salat
• 1 Knoblauchzehe
• 1 kleine, rote Zwiebel
• 200 g Babyspinat
• 1 EL Olivenöl
• 1 EL Balsamicoessig
• ½ TL Salz

GRAUPEN

Die Graupen nach Anleitung kochen (siehe Seite 156).

ZUCCHINI

Die Enden der Zucchini abschneiden. Der Länge nach teilen und vorsichtig mit einem Löffel aushöhlen. An den Enden ½ cm stehenlassen, damit die Füllung nicht herausläuft. Das Zucchinifleisch fein hacken.

FÜLLUNG

Die Zwiebel und den Knoblauch schälen, fein reiben und mit Zucchinifleisch, Rinderhackfleisch, Eiern, Tomatenmark, Senf, Rosmarin sowie Salz und Pfeffer vermengen. Die Graupen dazugeben und die Mischung 5–6 Minuten sorgfältig verkneten.

Die Füllung in die ausgehöhlten Zucchini geben und mit dem geriebenen Käse bestreuen. Die Zucchini bei 200 °C ca. 20 Minuten garen. Die Zucchini sollten weich sein, aber noch Biss haben.

SALAT

Den Knoblauch schälen und durch die Knoblauchpresse pressen. Die Zwiebel schälen und in dünne Streifen schneiden.

Babyspinat waschen und abtropfen lassen.

Knoblauch, rote Zwiebel, Öl, Balsamicoessig und Salz vermengen. Das Dressing über den Babyspinat geben und durchrühren.

Gefüllte Zucchini mit Salat servieren.

Nährwert: 2175 kJ (520 kcal) pro Portion
Eiweiß: 31,1 % | Fett: 36,9 % | Kohlenhydrate: 32,0 %

GEFÜLLTE KOTELETTS

MIT BLEICHSELLERIE UND WALNUSSSAUCE

Für 4 Personen

Graupen
• 120 g Graupen

Walnusssauce
• 2 Bund Bleichsellerie (900 g)
• 4 Knoblauchzehen
• 2 EL Olivenöl
• 2 EL Balsamicoessig
• 1 TL Salz
• 50 g Walnüsse

Koteletts
• 600 g Koteletts (Fettrand einschneiden)
• 80 g Doppelrahm-Frischkäse mit Kräutern und Knoblauch
• Salz und Pfeffer
• 2 TL Olivenöl
• nach Belieben frischer Rucola als Garnierung

GRAUPEN

Die Graupen nach Anleitung kochen (siehe Seite 156).

WALNUSSSAUCE

Den Bleichsellerie in feine Stücke schneiden.

Die Knoblauchzehen schälen und fein hacken.

Bleichsellerie und Knoblauch ca. 2 Minuten unter Rühren in Öl anschwitzen. Balsamicoessig und Salz dazugeben. Die Temperatur reduzieren und ca. 10 Minuten köcheln lassen. Gehackte Walnüsse dazugeben und die warmen Graupen in der Mischung wenden.

KOTELETTS

Die Koteletts einschneiden und die Tasche mit Kräuter-Knoblauch-Frischkäse füllen. Mit Salz und Pfeffer abschmecken, die Koteletts in Olivenöl braten.

Die Koteletts mit der Walnusssauce servieren, mit Rucola garnieren.

Nährwert: 2190 kJ (536 kcal) pro Portion
Eiweiß: 36,0 % | Fett: 36,2 % | Kohlenhydrate: 27,8 %

GRATINIERTER KABELJAU

IN TOMATENSAUCE UND MOZZARELLA

Für 4 Personen

Linsen
• 120 g Belugalinsen

Tomatensauce
• 2 Zwiebeln
• 4 Knoblauchzehen
• 1 EL Olivenöl
• 2 Dosen Tomaten, geschält und gewürfelt
• 2 TL Oregano, getrocknet
• 2 TL Salz

Kabeljau
• 600 g Kabeljaufilet
• Salz und Pfeffer
• 125 g frischer Mozzarella

Gemüse
• 1 Zucchini
• 1 EL Olivenöl
• 300 g Zuckererbsen (auch tiefgekühlte)
• 2 TL Worcestershiresauce
• Salz und Pfeffer

LINSEN

Belugalinsen nach Anleitung kochen (siehe Seite 155).

TOMATENSAUCE

Die Zwiebel und den Knoblauch schälen, grob hacken und in Öl anschwitzen. Geschälte Tomaten, getrockneten Oregano und Salz dazugeben. Ca. 10 Minuten köcheln lassen.

KABELJAU

Fischfilets trockentupfen und mit Salz und Pfeffer würzen.

Die Hälfte der Tomatensauce in einer feuerfesten Form verteilen. Den Fisch darauflegen und die restliche Tomatensauce über das Fischfilet geben. Den Mozzarella auf darauf verteilen.

Den Fisch bei 200 °C ca. 20 Minuten garen.

GEMÜSE

Die Zucchini in dünne Streifen schneiden und 4–5 Minuten in Öl anbraten. Zuckererbsen, Worcestershiresauce und Belugalinsen zugeben. Mit Salz und Pfeffer abschmecken. 1–2 Minuten erhitzen.

Den Kabeljau mit Sauce und Belugalinsen servieren.

Nährwert: 2082 kJ (498 kcal) pro Portion
Eiweiß: 41,2 % | Fett: 28,3 % | Kohlenhydrate: 30,5 %

GRIECHISCHE HACKSTEAKS

MIT HUMMUS

Für 4 Personen

Hummus
- 450 g gekochte Kichererbsen (entspricht 120 g rohen; auch aus der Dose)
- 50 g Tahin
- 100 g Skyr
- 1 EL Olivenöl
- 2 EL Zitronensaft
- 2–3 Knoblauchzehen, gepresst
- 2–3 TL Kreuzkümmel, zerstoßen
- 100 ml Wasser
- Salz und Pfeffer

Hacksteaks
- 600 g Rinderhackfleisch (3–7 % Fett)
- 2 Knoblauchzehen
- 1 TL Salz
- 2 TL Kreuzkümmel
- 2 Handvoll frische Petersilie, gehackt

Salat
- 3 Tomaten
- 1 Gurke
- 1 rote Zwiebel
- 1 EL Olivenöl
- 1 EL Balsamicoessig
- ½–1 TL Salz
- 2 Handvoll Petersilie, gehackt
- nach Belieben Chili zum Garnieren

HUMMUS

Alle Zutaten für den Hummus in der Küchenmaschine zu einer glatten Masse mixen. Mit Salz und Pfeffer und nach Belieben zusätzlichem Zitronensaft abschmecken.

HACKSTEAKS

Rinderhackfleisch mit dem geschälten und gepressten Knoblauch, Kreuzkümmel und Petersilie mischen. 8 längliche Steaks formen. 15 Minuten bei 200 °C im Ofen garen.

SALAT

Tomaten, Gurke und geschälte Zwiebel in feine Würfel schneiden. Mit Öl, Balsamicoessig, Salz und gehackter Petersilie mischen. Nach Belieben mit fein geschnittener Chili garnieren.

Die Hacksteaks mit Hummus und Salat servieren.

Nährwert: 2211 kJ (529 kcal) pro Portion
Eiweiß: 36,3 % | Fett: 40,4 % | Kohlenhydrate: 23,3 %

PUTE IN GEMÜSE

Für 4 Personen

Graupen
• 80 g Graupen

Gemüse und Pute
• 400 g Weißkohl
• 2 Zwiebeln
• 1 Knoblauchzehen
• 500 g Putenbrust
• 2 EL Olivenöl
• 1 TL Salz
• 40 g Backpflaumen
• 40 g getrocknete Aprikosen
• 400 g grüne Bohnen
• 2 EL Worcestershiresauce
• 60 g Erdnüsse, gesalzen

GRAUPEN

Die Graupen nach Anleitung kochen (siehe Seite 156).

GEMÜSE UND PUTE

Den Weißkohl in dünne Streifen schneiden.

Die Zwiebeln und den Knoblauch schälen, fein würfeln.

Die Putenbrust in Stücke von ca. 1 cm würfeln.

Zwiebeln und Knoblauch in Öl anschwitzen. Das Fleisch dazugeben, einige Minuten anbraten. Den Weißkohl und das Salz zugeben, alles zugedeckt ca. 5 Minuten köcheln lassen.

Die Backpflaumen und die getrockneten Aprikosen hacken (ein bisschen als Garnierung übrig lassen).

Backpflaumen, getrocknete Aprikosen, Bohnen, Graupen und Worcestershiresauce dazugeben, weitere 5 Minuten köcheln lassen.

Das Gericht garniert mit Erdnüssen, Backpflaumen und Aprikosen servieren.

Nährwert: 2145 kJ (513 kcal) pro Portion
Eiweiß: 30,9 % | Fett: 33,6 % | Kohlenhydrate: 35,5 %

HÜHNCHEN IN KNOBLAUCHSAUCE

MIT AUBERGINE

Für 4 Personen

Quinoa
• 120 g Quinoa

Hühnchen und Gemüse
• 2 Auberginen
• 2 rote Paprika
• 4 Knoblauchzehen
• 800 g Hähnchenbrustfilet
• 1 ganzer Rosmarinzweig
• 2 TL Olivenöl
• 100 ml Wasser
• 2 TL Salz
• 125 g Knoblauchkäse
• Salz und Pfeffer
• nach Belieben frischer Rosmarin als Garnierung

QUINOA

Die Quinoa nach Anleitung kochen (siehe Seite 157).

HÜHNCHEN UND GEMÜSE

Die Enden der Auberginen abschneiden, in Würfel schneiden.

Die Paprika teilen, Samen und Scheidewände entfernen, ebenfalls würfeln.

Den Knoblauch schälen und hacken.

Die Hähnchenbrustfilets würfeln.

Gemüse, Hähnchen und Rosmarin in Öl anbraten. Wasser und Salz dazugeben. Die Temperatur reduzieren und alles zugedeckt 15 Minuten köcheln lassen.

Den Knoblauchkäse dazufügen, mit Salz und Pfeffer abschmecken. Nochmals erhitzen.

Hühnchen auf Quinoa servieren, mit Rosmarin garnieren.

Nährwert: 2157 kJ (516 kcal) pro Portion
Eiweiß: 36,4 % | Fett: 37,4 % | Kohlenhydrate: 26,2 %

LASAGNE

MIT BOHNENSALAT

Für 8 Personen

Lasagne
- 3 Zwiebeln (300 g)
- 250 g Zucchini
- 100 g Blattsellerie
- 2 Knoblauchzehen
- 2 TL Olivenöl
- 500 g Rinderhackfleisch (10–12 % Fett)
- 200 ml fettarme Milch
- 2 Dosen Tomaten, geschält
- 1 große Dose Tomatenpüree (140 g)
- 2 Suppenwürfel (Rind)
- 3 TL Oregano
- Salz und Pfeffer
- 200 g Vollkorn-Lasagneplatten = 12 Stück
- ½ l Mornaysauce

Bohnensalat
- 1 kg grüne Bohnen (tiefgekühlt)
- 2 rote Zwiebeln
- 400 g Fetakäse
- 2 EL Olivenöl
- Schale und Saft von 1 ungespritzten Zitrone
- Salz und Pfeffer

LASAGNE

Die Zwiebeln schälen und fein würfeln.

Das Gemüse putzen und in kleine Würfel schneiden.

Den Knoblauch schälen, hacken und in Öl anbraten. Zwiebeln, Gemüse und Fleisch dazugeben und anbraten. Milch, geschälte Tomaten, Tomatenpüree, Suppenwürfel und Oregano dazugeben. Die Sauce ca. ½ Stunde köcheln lassen. Mit Salz und Pfeffer abschmecken.

Schichtweise in der genannten Reihenfolge Fleischsauce, Lasagneplatten, Fleischsauce, Mornaysauce, Lasagneplatten usw. in eine gefettete, ofenfeste Form legen. Mit einer Schicht Fleischsauce und Mornaysauce abschließen.

BOHNENSALAT

Die Bohnen 2 Minuten in Salzwasser blanchieren. Das Wasser abgießen.

Die Zwiebeln schälen und fein hacken.

Den Feta-Käse in kleine, mundgerechte Stücke zerkrümeln.

Die warmen Bohnen in den roten Zwiebeln, Feta-Käse, Öl sowie der geriebenen Schale und dem Saft einer Zitrone wenden. Mit Salz und Pfeffer abschmecken.

Lasagne mit Salat servieren.

Tipp: Die Lasagne kann portionsweise eingefroren werden.

Nährwert: 2135 kJ (511 kcal) pro 1 Stück Lasagne mit Bohnensalat
Eiweiß: 31,5 % | Fett: 32,2 % | Kohlenhydrate: 36,4 %

KALTSCHALE

MIT MANDELN

Für 4 Personen

- 500 g Skyr
- 2 TL Bio-Vanillepulver
- 3 TL Flüssigsüßstoff
- 900 g Vanillejoghurt
- 900 ml Buttermilch
- 200 g Mandeln

Skyr, Vanillepulver und Süßstoff vermengen. Den Joghurt langsam unterrühren, um Klumpenbildung zu vermeiden. Die Buttermilch einrühren. Mit Flüssigsüßstoff abschmecken.

Die Mandeln grob hacken und im Backofen bei 200 °C 7–10 Minuten goldgelb rösten. Die Kaltschale abgekühlt mit Mandel-Topping servieren.

Nährwert: 2115 kJ (506 kcal) pro Portion
Eiweiß: 32,6 % | Fett: 36,9 % | Kohlenhydrate: 30,5 %

MAROKKANISCHE LINSENSUPPE

Für 4 Personen

Suppe
• 3 Zwiebeln
• 3 Knoblauchzehen
• 1 gelbe Paprika
• 2 TL Ras el-Hanout
• 1 EL Olivenöl
• 150 g rote Linsen
• 1 Liter Wasser
• 3 Suppenwürfel (Gemüse/
  Huhn)
• 1 Dose Tomaten, geschält und
  gewürfelt
• Salz und Pfeffer

Einlage
• 125 g Puten-Bacon
• 500 g Putenbrust
• 2 TL Kreuzkümmel, gemahlen
• 1 TL Salz
• 1 EL Olivenöl
• 150 g Crème fraîche
  (9 % Fett. i. Tr.)
• nach Belieben gehackte Frühlingszwiebeln als Garnierung

SUPPE

Die Zwiebeln und den Knoblauch schälen, fein hacken.

Die Paprika teilen, Samen und Scheidewände entfernen, in feine Würfel schneiden.

Zwiebeln, Knoblauch, Paprika und Ras el-Hanout 3–5 Minuten in Öl anbraten (die Zutaten sollten keine Farbe annehmen). Linsen, Wasser, Bouillon und geschälte Tomaten zugeben. Deckel auflegen und bei schwacher Hitze 30–45 Minuten köcheln lassen. Mit Salz und Pfeffer abschmecken.

EINLAGE

Puten-Bacon und Putenbrust in feine Streifen schneiden. Diese in gemahlenem Kreuzkümmel und Salz wenden. In einer heißen Pfanne mit Öl anbraten.

Suppe mit Crème fraîche, geröstetem Puten-Bacon und Putenbrust servieren. Nach Belieben mit Frühlingszwiebeln garnieren.

Nährwert: 2110 kJ (505 kcal) pro Portion
Eiweiß: 40,1 % | Fett: 30,3 % | Kohlenhydrate: 29,6 %

SCHWEINEFILET

MIT BOHNEN UND BACON

Für 4 Personen

Schweinefilet
• 1 Schweinefilet (600 g)
• Salz und Pfeffer
• 2 TL Olivenöl

Bohnen und Bacon
• 600 g Bohnen (tiefgekühlt)
• 140 Vollkornnudeln (z. B. Penne)
• 100 g Bacon in Scheiben
• 100 g Frischkäse light
• Schale von 1 ungespritzten
  Zitrone
• Pfeffer, frisch gemahlen
• nach Belieben frische Petersilie
  als Garnierung

SCHWEINEFILET

Sehnen entfernen. Schweinefilet mit Salz und Pfeffer würzen, in Öl anbraten. Im Backofen bei 200 °C ca. 20 Minuten garen.

BOHNEN UND BACON

Die Bohnen halbieren.

Die Nudeln in leicht gesalzenem Wasser kochen. Die Bohnen 3 Minuten vor Garende der Nudeln dazugeben und mitkochen lassen.

Den Bacon in Streifen schneiden und 3–5 Minuten in der Pfanne anbraten. Den Frischkäse und die geriebene Zitronenschale dazugeben. Mit Salz und frisch gemahlenem Pfeffer abschmecken.

Das Wasser von Bohnen und Nudeln abgießen, diese in der Zitronencreme wenden.

Das Schweinefilet in dünnen Scheiben mit den Bohnen und den Nudeln in Zitronencreme servieren. Nach Belieben mit Petersilie garnieren.

Nährwert: 2165 kJ (518 kcal) pro Portion
Eiweiß: 38,6 % | Fett: 34,2 % | Kohlenhydrate: 27,2 %

SCHWEINEFILET

MIT SALSA PICANTE

Für 4 Personen

Salsa Picante
- 3 rote Paprika
- 4 Knoblauchzehen
- 2 rote Chili (Samen entfernen)
- 3 EL Olivenöl
- 50 g Mandeln
- Saft einer ½ Zitrone

Salat
- 100 g rote Quinoa
- 2 rote Paprika
- Petersilie, frisch

Schweinefilet
- 1 Schweinefilet (ca. 600 g)
- Salz und Pfeffer
- 1 TL Olivenöl

SALSA PICANTE

Die Paprika teilen, Samen und Scheidewände entfernen, in kleine Stücke schneiden.

Den Knoblauch schälen und kleinschneiden, die Chilischote zerkleinern.

Paprika, Knoblauch und Chili im zugedeckten Topf anbraten, bis alles weich ist (ca. 15 Minuten). Mandeln und Zitronensaft dazugeben. Danach zu einer warmen Salsa Picante vermengen. Mit Salz und Pfeffer abschmecken.

SALAT

Die Quinoa nach Anleitung kochen (siehe Seite 157).

Die Paprika teilen, Samen und Scheidewände entfernen, in kleine Stücke schneiden.

Die Petersilie waschen und fein hacken.

Die abgekühlte, aber noch warme Quinoa mit Paprika und Petersilie mischen.

SCHWEINEFILET

Sehnen entfernen. Schweinefilet mit Salz und Pfeffer würzen, in Öl anbraten. Im Backofen bei 200 °C ca. 20 Minuten garen.

Filetscheiben mit Salsa Picante und Salat servieren.

Tipp: Soll die Salsa Picante richtig „pikant" werden, einfach die Samen der Chili nicht entfernen.

Nährwert: 2130 kJ (510 kcal) pro Portion
Eiweiß: 33 % | Fett: 42,2 % | Kohlenhydrate: 28,8 %

GRAUPEN ORIENTALISCH

MIT TOMATENSALAT

Für 4 Personen

Graupen orientalisch
• 2 Zwiebeln (200 g)
• 1 EL Olivenöl
• 2 TL Garam Masala
• 600 g Schinkenschnitzel
• 120 g Graupen
• 1 Würfel Gemüsebrühe
• 250 ml Wasser
• 80 g Mandeln, geschält
• 1 EL Olivenöl (5 g)
• ½ TL Salz
• 40 g getrocknete Aprikosen

Salat
• 5 Tomaten
• ½ kleine, rote Zwiebel (50 g)
• 1 EL Olivenöl
• 1 TL Balsamicoessig
• Salz und Pfeffer

GRAUPEN ORIENTALISCH

Die Zwiebeln schälen und fein hacken. Zusammen mit 1 EL Öl und Garam Masala einige Minuten dünsten (sie sollten keine Farbe annehmen).

Schinkenschnitzel in dünne Streifen schneiden und in die Pfanne legen. Das Fleisch anbraten, bis es keine Flüssigkeit mehr verliert, dann die Graupen dazugeben und ½ Minute dünsten. Suppenwürfel und Wasser dazugeben. Aufkochen lassen, die Temperatur reduzieren und alles zugedeckt 25 Minuten köcheln lassen. Zwischendurch umrühren.

Die Mandeln in einer Pfanne mit 1 EL Öl und Salz goldgelb rösten. Die Mandeln aus der Pfanne nehmen und auf Backpapier legen.

Die Aprikosen in Streifen schneiden.

SALAT

Die Tomaten grob würfeln.

Die Zwiebel schälen und in feine Scheiben schneiden. Tomaten, rote Zwiebel, Öl und Balsamicoessig vermengen. Mit Salz und Pfeffer abschmecken.

Das Gericht mit dem Topping aus Mandeln und Aprikosen mit Tomatensalat als Beilage servieren.

Nährwert: 2190 kJ (524 kcal) pro Portion
Eiweiß: 32,5 % | Fett: 34,1 % | Kohlenhydrate: 33,5 %

FRITTATA AUS DEM OFEN

MIT HÜHNCHEN UND GEMÜSE

Für 4 Personen

Frittata
- 4 Stangen Lauch
- 1 rote Paprika
- Olivenöl
- 6 Eier
- 200 g Frischkäse
- 100 ml fettarme Milch
- 2 TL Thymian, getrocknet
- 1 TL Salz
- 2 TL Saucenbinder
- 200 g Hühnerbrühe
- 100 g Käse, gerieben (Pizza-käse)

Salat
- 600 g Tomaten
- etwas Schnittlauch als Garnie-rung
- Balsamicoessig
- Salz und Pfeffer

Beilage
- 4 Scheiben Roggenbrot (180 g)

FRITTATA

Den Lauch putzen, in dünne Scheiben schneiden und 3 Minuten in Salzwasser dünsten.

Die Paprika teilen, Samen und Scheide-wände entfernen, in kleine Würfel schnei-den.

Eine hohe Tarte-Form (vorzugsweise eine Silikonform) mit Öl einfetten.

Eier, Frischkäse, Milch, Thymian, Salz und Soßenbinder vermengen. Die Hälfte der Eimasse in die Form geben und Lauch, Paprika und Hühnchen darauf verteilen. Mit dem Rest der Eimasse und geriebenem Käse bedecken.

Die Frittata bei 200 °C 35–40 Minuten im Backofen backen.

SALAT

Die Tomaten in Scheiben schneiden, Schnittlauch hacken und das Roggenbrot toasten.

Etwas Balsamicoessig über die Tomaten geben, mit Salz und Pfeffer würzen.

Die Frittata mit Tomatenscheiben, bestreut mit Schnittlauch, und geröstetem Brot ser-vieren.

Nährwert: 2090 kJ (500 kcal) pro Portion
Eiweiß: 32,2 % | Fett: 35,8 % | Kohlenhydrate: 31,9 %

LACHS AUS DEM OFEN

MIT PISTAZIEN UND MOHN

Für 4 Personen

Pasta
• 100 g Vollkornnudeln

Gemüse
• 400 g Rosenkohl
• 400 g Brokkoli
• 200 g Tomaten
• 2 Knoblauchzehen
• 1 TL Olivenöl
• 50 ml Wasser
• 2 TL Balsamicoessig
• 1 TL Salz

Lachs
• 40 g Pistazienkerne, ungesalzen
• 40 g Mohn
• 4 Lachsfilets à 120 g
• nach Belieben Limette zum
  Garnieren
• Salz und Pfeffer

PASTA

Die Nudeln nach Packungsanweisung kochen.

GEMÜSE

Den Rosenkohl putzen, die Röschen vierteln.

Die Brokkoliröschen abschneiden.

Die Tomaten grob würfeln.

Den Knoblauch schälen und fein hacken.

Rosenkohl, Brokkoli und Knoblauch in
Öl anbraten. Die Temperatur reduzieren,
Wasser, Balsamicoessig und Salz dazugeben. Das Gemüse 3–5 Minuten köcheln
lassen. Die Tomatenwürfel dazugeben und
2 Minuten mitköcheln lassen.

LACHS

Die Pistazienkerne fein hacken und mit
dem Mohn mischen. Den Lachs mit der
Pistazien-Mohn-Mischung betupfen. Mit
etwas Salz bestreuen und den Lachs in
einer ofenfesten Form bei 200 °C ca.
10–12 Minuten garen.

Die Nudeln mit dem Gemüse vermengen,
mit Salz und Pfeffer abschmecken.

Den Lachs auf Gemüse mit den Nudeln,
garniert mit Limette, servieren.

Nährwert: 2186 kJ (523 kcal) pro Portion

Eiweiß: 30,4 % | Fett: 41,7 % | Kohlenhydrate: 27,9 %

PASTA

MIT SPINAT UND CHAMPIGNONS

Für 4 Personen

- 250 g Champignons (Abtropf-
  gewicht)
- 500 g Hähnchenbrustfilet
- 3 Zwiebeln
- 2 Knoblauchzehen
- 2 EL Olivenöl
- 140 g Vollkornnudeln
- 200 g Erbsen
- 200 g frischer Spinat (geputzt)
- 80 g Parmesankäse, gerieben
- Salz und Pfeffer

Die Champignons putzen und in dünne Scheiben schneiden.

Das Hähnchenbrustfilet in ca. 1 cm große Würfel schneiden.

Die Zwiebel und den Knoblauch schälen, grob hacken und im Topf in Öl anbraten. Die Champignons und das Fleisch dazugeben. Dabei kann sich etwas Flüssigkeit bilden. Umrühren, bis die Flüssigkeit verdampft ist und das Hähnchen sowie die Champignons Farbe angenommen haben. Vom Herd nehmen. Mit Salz und Pfeffer abschmecken.

Die Nudeln nach Packungsanweisung kochen.

Das Hühnchenfleisch mit den Champignons erneut erhitzen, Erbsen und Spinat dazugeben. Das Gericht wird nur angewärmt, der Spinat sollte nur ein bisschen zusammenfallen.

Die Pasta und das Hühnchenfleisch unter das Gemüse heben. Mit geriebenem Parmesan servieren.

Nährwert: 2125 kJ (508 kcal) pro Portion
Eiweiß: 36,4 % | Fett: 31,6 % | Kohlenhydrate: 32 %

PIZZA

MIT PAPRIKA

Für 4 Personen

- 2 kleine, rote Zwiebeln (150 g)
- 2 rote Paprika
- 100 g Champignons
- 4 Vollkorntortillas à 45 g
- ½ Dose Tomaten, geschält und gewürfelt
- 150 g Schinkenstreifen
- 135 g Knoblauchmettwurst (9 % Fett)
- 200 g Käse, gerieben (Pizzakäse)
- 4 TL Oregano, getrocknet
- 4 TL Trüffelöl
- 4 Handvoll Rucola

Die roten Zwiebeln schälen und in dünne, halbe Ringe schneiden.

Die Paprika teilen, Samen und Scheidewände entfernen, in sehr feine Streifen schneiden.

Die Champignons putzen und in dünne Scheiben schneiden.

Die Tortillas auf Backpapier legen. Die geschälten Tomaten darauf verteilen. Rote Zwiebeln, Paprika, Schinken und Wurst auf der Pizza verteilen. Die Champignons darüberstreuen. Den Käse darauf verteilen. Mit Oregano bestreuen und Trüffelöl über die Pizza träufeln.

Bei 200 °C ca. 12 Minuten backen, bis die Pizza heiß und der Käse geschmolzen ist.

Die Pizza mit Rucola überstreut servieren.

Tipp: Als „Luxusvariante" die Champignons durch Pfifferlinge ersetzen. Wenn Sie kein Trüffelöl haben, kann Olivenöl verwendet werden. Der Geschmack ist dann jedoch anders.

Nährwert: 2130 kJ (519 kcal) pro Portion
Eiweiß: 28,5 % | Fett: 43,8 % | Kohlenhydrate: 27,7 %

GEBRATENES RINDERGESCHNETZELTES

MIT GRAUPEN UND TOMATEN

Für 4 Personen

- 300 g Graupen (120 g ungekocht)
- 3 Knoblauchzehen
- 1 rote Zwiebel
- 5 Tomaten
- 3 Frühlingszwiebel
- 1½ EL Olivenöl
- 600 g Rindergeschnetzeltes
- 2 Eier
- 2 EL HP-Sauce
- nach Belieben frische Petersilie
  als Garnierung

Die Graupen nach Anleitung kochen (siehe Seite 156).

Den Knoblauch und die rote Zwiebel schälen und grob hacken.

Die Tomaten und die Frühlingszwiebeln in kleine Stücke schneiden.

Das Olivenöl in einer großen Pfanne erhitzen, Knoblauch und Rindfleisch 3–4 Minuten anbraten. Die Eier über dem Fleisch aufschlagen und zusammen mit dem Fleisch unter Rühren braten. Die Graupen und die HP-Sauce zugeben, alles erhitzen. Gehackte Zwiebel, Tomaten und Frühlingszwiebeln dazugeben, alles gut garen.

In einer Schale mit Petersiliengarnierung servieren.

Tipp: Ein einfaches Gericht für einen hektischen Tag. Denken Sie daran, immer zusätzliche Graupen zu kochen. Dann kann dieses Gericht superschnell „gezaubert" werden.

Nährwert: 2049 kJ (490 kcal) pro Portion
Eiweiß: 33,1 % | Fett: 39,6 % | Kohlenhydrate: 27,3 %

GEDÜNSTETER WIRSING

MIT PUTE UND BACON

Für 4 Personen

- 4 Knoblauchzehen
- 800 g Wirsing
- 4 TL Curry
- 2 EL Olivenöl
- 100 ml Wasser
- 2 Suppenwürfel
- 120 g Graupen
- 700 g Putenbrust
- 100 g Bacon
- nach Belieben glatte Petersilie als Garnierung

Den Knoblauch schälen und in kleine Würfel schneiden.

Den Wirsing in feine Streifen schneiden.

Den Knoblauch mit Curry in Öl anbraten. Den Wirsing dazugeben und 2 Minuten unter Rührern anbraten. Wasser, Suppenwürfel und Graupen dazugeben, Deckel auflegen, Gericht aufkochen lassen, die Temperatur reduzieren und bei schwacher Hitze 30–35 Minuten köcheln lassen, bis die Graupen gar sind.

Die Putenbrust würfeln und den Bacon in Streifen schneiden. Pute und Bacon in der Pfanne gar braten.

Wirsing mit Pute und Bacon als Topping servieren. Nach Belieben mit Petersilie garnieren.

Nährwert: 2180 kJ (522 kcal) pro Portion
Eiweiß: 40,8 % | Fett: 30,5 % | Kohlenhydrate: 28,7 %

ZUCCHINISUPPE

MIT THYMIAN UND GEBRATENEM HÜHNCHEN

Für 4 Personen

Suppe
- 1½–2 Zucchini (600 g)
- 2 Zwiebeln
- 100 ml Wasser
- 1 Würfel Hühnerbrühe
- 100 g rote Linsen
- 200 g Erbsen
- 1½ TL Salz
- 1 TL Thymian, getrocknet
- 200 ml Kochsahne
  (8 % Fett. i. Tr.)
- Salz und Pfeffer

Einlage
- 600 g Hähnchenbrustfilet
- 1 EL Olivenöl
- 2 TL Thymian, getrocknet
- 1 TL Sojasauce
- 150 g Crème fraîche
  (18 % Fett. i. Tr.)
- nach Belieben frischer Thymian
  als Garnierung

SUPPE

Die Zucchini waschen und fein hacken.

Die Zwiebeln schälen, ebenfalls fein hacken.

Wasser, Suppenwürfel, Zucchini, Zwiebeln, Linsen, Erbsen, Salz und getrockneten Thymian in einen Topf geben und ca. 25 Minuten köcheln lassen. Die Suppe im Mixer pürieren und Sahne dazugeben. Mit Salz und Pfeffer abschmecken.

EINLAGE

Hähnchenfilets würfeln und zusammen mit dem getrockneten Thymian 3–5 Minuten in einer Pfanne mit Öl anbraten. Sojasauce dazugeben und einkochen lassen.

Die Suppe mit der Crème fraîche und garniert mit Hähnchenwürfeln servieren. Nach Belieben mit frischem Thymian garnieren.

Nährwert: 2049 kJ (490 kcal) pro Portion
Eiweiß: 39,4 % | Fett: 33,6 % | Kohlenhydrate: 27 %

GRAUPENRISOTTO

MIT ROTER PAPRIKA

Für 4 Personen

- 1 Zwiebel
- 2 Knoblauchzehen
- 1 TL Olivenöl
- 150 g Graupen
- 100 ml trockener Weißwein
- 650 ml Wasser
- 1 Würfel Hühnerbrühe
- 1 rote Paprika
- 1 TL Olivenöl
- 40 g Parmesankäse, gerieben
- 1 Handvoll Petersilie, gehackt
- Salz und Pfeffer
- nach Belieben mit Petersilie als Garnierung bestreuen

Die Zwiebel und die Knoblauchzehen schälen, fein hacken und in Öl anbraten (keine Farbe annehmen lassen). Die Graupen dazugeben und dünsten. Wein hinzufügen und rühren, bis die Flüssigkeit verdampft ist. Die Hälfte des Wassers und den Suppenwürfel dazugeben, umrühren, bis die Flüssigkeit reduziert ist. Das restliche Wasser dazugießen und das Graupenrisotto abgedeckt ca. 40 Minuten köcheln lassen. Zwischendurch umrühren.

Die Paprika teilen, Samen und Scheidewände entfernen, in feine Würfel schneiden. In Öl anbraten, bis sie etwas Farbe annimmt. Paprika, Parmesankäse und Petersilie unter das Graupenrisotto heben. Mit Salz und Pfeffer abschmecken.

Das Graupenrisotto mit einer Zutat der Proteine (siehe Seite 22) plus 200 g Gemüse servieren.

Nährwert: 1116 kJ (267 kcal) pro Portion

Eiweiß: 13,8 % | Fett: 30,4 % | Kohlenhydrate: 49,6 % | Alkohol: 6,2 %

BOHNENSALAT

MIT FETA-KÄSE

Für 4 Personen

- 1 kg Bohnen (tiefgekühlt)
- 1 große, rote Zwiebel
- 2 Knoblauchzehen
- 50 g Salatkäse
- geriebene Schale von 1 ungespritzten Zitrone
- Saft einer ½ Zitrone
- 2 EL Olivenöl
- 2 TL Salz
- 3–4 Spritzer Tabasco

Die Bohnen auftauen und in Stücke von 1 cm Länge schneiden.

Die rote Zwiebel schälen, fein hacken.

Den Knoblauch schälen und mit der Knoblauchpresse pressen.

Den Salatkäse mit Knoblauch, Zitronenschale, Zitronensaft, Öl, Salz und Tabasco stampfen.

Die Bohnen und die rote Zwiebel in einer großen Schüssel verteilen. Die Käsemischung darübergeben und unter die Bohnen heben. Den Salat für 30 Minuten ziehen lassen.

Mit einer Zutat der Proteine (siehe Seite 22) plus einer Zutat der Kohlenhydrate (siehe Seite 23) servieren.

Nährwert: 849 kJ (203 kcal) pro Portion
Eiweiß: 15,7 % | Fett: 48,4 % | Kohlenhydrate: 35,9 %

GERÖSTETE GRAUPEN

Für 4 Personen

- 1 große, rote Zwiebel
- 2 Knoblauchzehen
- 1 TL Curry
- 1 TL Ras el-Hanout
- ½ TL Salz
- 1 EL Olivenöl
- 300 g gekochte Graupen (entspricht 120 g rohen Graupen)
- 10 g Butter (2 TL)
- nach Belieben mit Petersilie als Garnierung bestreuen

Die Zwiebel schälen, fein hacken.

Den Knoblauch schälen und mit der Knoblauchpresse pressen.

Rote Zwiebel, Knoblauch, Curry, Ras el-Hanout und Salz in Öl anbraten. Zwiebel und Kräutermischung für ca. 5 Minuten abgedeckt köcheln lassen. Keine Farbe annehmen lassen. Graupen und Butter dazugeben. Ohne Deckel bei schwacher Hitze 4–5 Minuten rösten.

Geröstete Graupen mit einer einer Zutat der Proteine (siehe Seite 22) plus 200–300 g Gemüse servieren.

Tipp: Wenn Sie Graupen vom Vortag übrig haben, sollten Sie unbedingt geröstete Graupen kochen. Einfach, schnell und sehr beliebt bei Kindern.

Nährwert: 727 kJ (174 kcal) pro Portion
Eiweiß: 8,0 % | Fett: 33,2 % | Kohlenhydrate: 58,8 %

PIKANTER ROGGENSALAT

Für 4 Personen

Marinade
• 1 grüne Chili
• 2 Knoblauchzehen
• 5 cm frischer Ingwer (ca. 25 g), geputzt
• 4 EL Olivenöl
• 4 TL Balsamicoessig
• 1 TL Limettensaft
• 1 TL Salz

Salat
• 1 rote Zwiebel
• 2 gelbe Paprika
• 1 Zucchini
• 1 Apfel (vorzugsweise säuerlich)
• 250 g gekochte Roggenkörner (entspricht 100 g Roggen roh)
• 200 g Babyspinat
• nach Belieben mit Petersilie als Garnierung bestreuen

MARINADE

Die Chili fein hacken (nach Belieben Samen entfernen, wenn der Salat nicht zu scharf werden soll).

Knoblauch und Ingwer schälen, mit der feinen Seite der Reibe reiben.

Chili, Knoblauch, Ingwer, Öl, Balsamico, Limettensaft und Salz in einer Schüssel vermengen.

SALAT

Die Zwiebel schälen und in kleine Würfel schneiden.

Die Paprika teilen, Samen und Scheidewände entfernen, ebenfalls in kleine Würfel schneiden.

Den Apfel entkernen, dann Apfel und Zucchini in kleine Würfel schneiden.

Zwiebel, Paprika, Apfel und Zucchini mit Roggen und Chili-Marinade mischen.

Die Spinatblätter als Bett auf einem großen Teller anrichten. Das zerkleinerte Gemüse in der Marinade darübergießen. Nach Belieben mit Petersilie garnieren.

Den Roggensalat mit einer Zutat der Proteine (siehe Seite 22) servieren.

Tipp: Wenn Sie Roggen vom Vortag übrig haben, sollten Sie unbedingt diesen üppigen Salat zubereiten. Chili nach Belieben verwenden.

Nährwert: 1308 kJ (313 kcal) pro Portion
Eiweiß: 8,6 % | Fett: 44,1 % | Kohlenhydrate: 47,3 %

MOHNKNÄCKEBROT

MIT SCHWARZKÜMMELSAMEN

Für 24 Stück

- 120 g blauer Mohn
- 25 g Schwarzkümmelsamen
- 150 g Sesamsamen
- 240 g Roggenmehl
- 2 TL Backpulver
- 1 TL Salz
- 200 ml Wasser
- 100 ml Rapsöl

Alle trockenen Zutaten mischen. Wasser und Öl einrühren (der Teig sollte feucht sein). Den Teig 15 Minuten ruhen lassen. Den Teig in zwei Hälften teilen. Jede Hälfte zwischen 2 Blatt Backpapier ausrollen (der Teig sollte das gesamte Blech ausfüllen). Jede ausgerollte Teighälfte in 12 Stücke schneiden, am besten mit dem Pizzaroller. Alternativ ein scharfes Küchenmesser verwenden.

Bei 200 °C im Backofen ca. 20–24 Minuten backen, bis das Knäckebrot hellbraun ist. Auf dem Backrost abkühlen lassen und danach in einer Dose aufbewahren, damit es nicht feucht wird.

Tipp: Eine fantastische Zwischenmahlzeit für unterwegs.

Nährwert: 565 kJ (137 kcal) pro Stück
Eiweiß: 9,7 % | Fett: 62,6 % | Kohlenhydrate: 27,7 %

BALLASTSTOFF-ROGGENBRÖTCHEN

Für 15 Stück

- 300 ml Wasser
- 200 ml Buttermilch
- 1 EL Rapsöl
- 25 g Hefe
- ½ TL Flüssigsüßstoff (kann entfallen)
- 1 TL Salz
- 50 g Weizenkleie
- 25 g Flohsamenschalen
- 350 g Roggenmehl

Warmes Wasser, Buttermilch und Öl vermengen, die Hefe darin auflösen. Flüssigsüßstoff und Salz dazugeben. Umrühren.

Die Hefemasse mit Haferkleie, Flohsamenschalen und Roggenmehl vermengen. Der Teig wird nicht geknetet, sondern nur zu einer homogenen Masse gerührt. Er wird etwas klebrig.

Den Teig 25 Minuten gehen lassen.

Die Brötchen mit Löffeln auf 2 Backbleche geben. Dann 15 weitere Minuten gehen lassen. Bei 200 °C 25–30 Minuten backen.

Tipp: 1 Roggenbrötchen kann durch 1 Scheibe Roggenbrot (50 g) z. B. zum Frühstück, Mittag- oder Abendessen ersetzt werden.

Nährwert: 447 kJ (107 kcal) pro Stück
Eiweiß: 12,7 % | Fett: 14,4 % | Kohlenhydrate: 72,9 %

KÖRNERHAPPEN

Für 35 Stück

- 150 g Kürbiskerne
- 200 g Mandeln
- 100 g Sonnenblumenkerne
- 100 g Sesamsamen
- 100 g Leinsamen
- 1 TL Salz
- 5 EL Flohsamenschalen
- 4 Eier
- 100 ml Rapsöl

Die Kürbiskerne und die Mandeln grob hacken. Kürbiskerne, Mandeln, Sonnenblumenkerne, Sesamsamen, Leinsamen, Salz und Flohsamenschalen vermengen.

Die Eier leicht schlagen. Eimasse und Öl über die Mischung geben. Den Teig kneten und 4–5 Minuten gehen lassen. 35 längliche Körnerhappen formen. Das geht mit den Händen am besten.

Bei 200 °C ca. 25 Minuten backen.

Beim Backen geben die Körnerhappen etwas Fett ab. Deshalb auf Küchenpapier abkühlen lassen. Die Körnerhappen in einem luftdichten Behälter aufbewahren.

Tipp: Ein Körnerhappen ist die perfekte Zwischenmahlzeit.

Nährwert: 577 kJ (138 kcal) pro Stück
Eiweiß: 14,5 % | Fett: 73,6 % | Kohlenhydrate: 11,9 %

HIMBEERTRAUM

Für 4 Personen

- 500 g Himbeeren, tiefgekühlt
- 1–2 TL Flüssigsüßstoff
- 50 g Mandeln
- 50 g Kürbiskerne
- ½ TL Flüssigsüßstoff
- 1 TL Vanillepulver
- 200 g frische Himbeeren
- 600 g griechischer Joghurt
  (10 % Fett. i. Tr.)
- nach Belieben Zitronenmelisse
  zum Garnieren

Die Himbeeren mit dem Flüssigsüßstoff aufkochen. Die Himbeeren pürieren und etwas abkühlen lassen.

Die Mandeln und die Kürbiskerne grob hacken. Mit Flüssigsüßstoff und Vanillepulver 3–4 Minuten hellbraun rösten. Abkühlen lassen.

Etwas Himbeersauce am Boden von 4 Portionsgläsern verteilen. Erst eine Schicht griechischen Joghurt, dann Himbeersauce, Mandelsplitter und frische Himbeeren dazugeben. Die Schichten wiederholen. Mit Himbeersauce, Mandelsplittern und frischen Beeren abschließen. Nach Belieben mit Zitronenmelisse garnieren.

Nährwert: 1793 kJ (429 kcal) pro Portion
Eiweiß: 16,6 % | Fett: 57,8 % | Kohlenhydrate: 25,6 %

HAUSGEMACHTE MUFFINS

Für 12 Stück

- 1 Dose Limabohnen (einschließ-
  lich Flüssigkeit)
- 100 g dunkle Schokolade (min.
  70 % Kakao)
- 100 g getrocknete Aprikosen
- 3 Eier
- 2½ EL Kakaopulver
- 1 TL Flüssigsüßstoff
- 1 TL Vanilleextrakt
- 80 g Mandeln
- nach Belieben Granatapfel-
  kerne zum Garnieren

Alle Zutaten zu einer glatten Masse mixen.
Den Teig in 12 Muffin-Formen füllen. Bei
200 °C ca. 20 Minuten backen. Vor dem
Verzehr abkühlen lassen.

Nach Belieben mit Granatapfelkernen garnieren.

Tipp: Diese Muffins passen perfekt zu Ihren
Zwischenmahlzeiten. So können Sie sogar
mitten in der Woche Kuchen essen!

Nährwert: 564 kJ (135 kcal) pro Stück
Eiweiß: 16,1 % | Fett: 55,7 % | Kohlenhydrate: 28,2 %

„UNARTIGER" SCHOKOLADENKUCHEN

Für 8 Stücke

- 250 g dunkle Schokolade (min. 70 % Kakao)
- 150 g Butter
- 5 Eier
- 200 g Sukrin
- nach Belieben Zitronenmelisse zum Garnieren

Die Butter und die Schokolade bei schwacher Hitze schmelzen. Vom Herd nehmen.

Die Eier trennen. Die Eiweiße steifschlagen, die Eigelbe mit Sukrin luftig schlagen.

Die Schokoladenmasse unter die Eigelbmasse heben.

Die Hälfte des Eiweißes in die Schokoladen-Ei-Masse rühren. Das restliche Eiweiß vorsichtig unterheben.

Eine Backform mit 25 cm Durchmesser einfetten. Den Schokoladenkuchen bei 200 °C 30–35 Minuten backen. Nach Belieben mit Zitronenmelisse garnieren.

Nährwert: 1547 kJ (370 kcal) pro Stück
Eiweiß: 7,3 % | Fett: 80,4 % | Kohlenhydrate: 12,3 %

ZUBEREITUNG

HÜLSENFRÜCHTE

Das Auge wandert im Supermarkt schnell über die Regale mit Kichererbsen, Linsen und Bohnen hinweg. Was macht man damit, wie verwendet man sie? Wenn wir mit dem Umgang und der Zubereitung nicht vertraut sind, ist es schwer, sich für die kleinen, getrockneten Hülsenfrüchte zu entscheiden. Das ist sehr schade, da sie beim Kochen viele Variationsmöglichkeiten bieten und richtig gut schmecken. Man muss sie und ihre Eigenschaften nur kennenlernen.

Form, Farbe, Geschmack und Konsistenz sind extrem unterschiedlich und liefern deshalb die unterschiedlichsten Verwendungsmöglichkeiten. Ein Beispiel sind rote Linsen, die in diesem Buch für das Rezept „Marokkanische Linsensuppe" verwendet werden. Sie verkochen und sind deshalb für Gerichte gut geeignet, bei denen eine cremige Konsistenz gefordert ist. Beluga- und Puy-Linsen behalten beim Kochen hingegen ihre Form und sind deshalb beispielsweise für Salat ideal.

Die Zubereitung getrockneter Bohnen entspricht der für Kichererbsen. Linsen müssen nicht eingeweicht werden.

ZUBEREITUNG – BELUGALINSEN

Für 4 Personen

- 120 g Belugalinsen
- 250 ml Wasser
- ½ Suppenwürfel

Linsen, Wasser und Suppenwürfel zum Kochen bringen. Den Herd auf die niedrigste Stufe schalten und den Deckel auflegen. Die Linsen 20–25 Minuten köcheln lassen.

Linsen mit einer Zutat der Proteine (siehe Seite 22), einer Zutat der Extras (siehe Seite 23), 300 g Gemüse plus 1 TL Fett servieren.

Tipp: Belugalinsen kochen nicht zu Brei und sind deshalb wie Puy-Linsen fantastisch für Salate geeignet. Sie können gern eine größere Portion kochen. Der Rest kann eingefroren werden.

Nährwert: 439 kJ (105 kcal) pro Portion
Eiweiß: 30,0 % | Fett: 6,3 % | Kohlenhydrate: 63,7 %

ZUBEREITUNG – KICHERERBSEN (gilt auch für getrocknete Bohnen)

Für 4 Personen

- 120 g Kichererbsen
- ½ Suppenwürfel
- 1 Knoblauchzehe

Die Kichererbsen in eine Schüssel geben und mit kaltem Wasser bedecken. Das Wasser sollte ca. 3 cm über den Kichererbsen stehen. Mindestens 12 Stunden einweichen (nach Belieben am Vorabend vor dem Kochen Wasser dazugeben).

Das Wasser abgießen. Neues Wasser auffüllen (die Erbsen sollten bedeckt sein). Suppenwürfel und Knoblauch dazugeben.

Die Kichererbsen ca. 1 Stunde lang kochen, bis sie weich sind. Die empfohlene Kochzeit ist meist auf der Packungsanweisung vermerkt. Kichererbsen können so verzehrt werden, wie sie sind: als Beilage, in Salaten oder in der Pfanne gedünstet mit anderem Gemüse.

Kichererbsen mit einer Zutat der Proteine (siehe Seite 22), einer Zutat der Extras (siehe Seite 23), 300 g Gemüse plus 1 TL Fett servieren.

Tipp: Kochen Sie eine größere Portion vor und frieren Sie den Rest ein.

Nährwert: 472 kJ (113 kcal) pro Portion
Eiweiß: 22,9 % | Fett: 16,6 % | Kohlenhydrate: 60,5 %

ZUBEREITUNG – GRAUPEN

Für 4 Personen

- 120 g Graupen
- 375 ml Wasser
- ½ Suppenwürfel

Graupen, Wasser und Suppenwürfel zum Kochen bringen. Den Herd auf die niedrigste Stufe schalten und den Deckel auflegen. Die Graupen 30 Minuten köcheln lassen.

Den Topf vom Herd nehmen und die Graupen 10 Minuten ziehen lassen.

Graupen mit einer Zutat der Proteine (siehe Seite 22), einer Zutat der Extras (siehe Seite 23), 300 g Gemüse plus 1 TL Fett servieren.

Tipp: Verwenden Sie Graupen für Eintöpfe und andere Gerichte, zu denen Sie normalerweise Reis kochen. Graupen schmecken auch in Salaten lecker! Kochen Sie eine größere Portion, und verwenden Sie den Rest für geröstete Graupen (Rezept siehe Seite 138).

Nährwert: 456 kJ (109 kcal) pro Portion
Eiweiß: 11,1 % | Fett: 7,6 % | Kohlenhydrate: 81,3 %

ZUBEREITUNG – POLIERTE ROGGENKÖRNER

Für 4 Personen

- 120 g polierte Roggenkörner
- 375 ml Wasser
- ½ Suppenwürfel

Roggen, Wasser und Suppenwürfel zum Kochen bringen. Den Herd auf die niedrigste Stufe schalten und den Deckel auflegen. Die Roggenkörner 30 Minuten köcheln lassen.

Den Topf vom Herd nehmen und die Roggenkörner 10 Minuten ziehen lassen.

1 Portion Roggenkörner mit einer Zutat der Proteine (siehe Seite 22), einer Zutat der Extras (siehe Seite 23), 300 g Gemüse plus 1 TL Fett servieren.

Tipp: Verwenden Sie Roggen für Eintöpfe und andere Gerichte, zu denen Sie normalerweise Reis kochen. Kochen Sie eine größere Portion, und verwenden Sie den Rest für einen pikanten Roggensalat (Rezept siehe Seite 140).

Nährwert: 481 kJ (115 kcal) pro Portion
Eiweiß: 9,3 % | Fett: 4,9 % | Kohlenhydrate: 85,8 %

ZUBEREITUNG – QUINOA

Für 4 Personen

- 120 g Quinoa
- 275 ml Wasser
- ½ Suppenwürfel

Quinoa, Wasser und Suppenwürfel zum Kochen bringen. Den Herd auf die niedrigste Stufe schalten und den Deckel auflegen. Die Quinoa 15–20 Minuten köcheln lassen.

1 Portion Quinoa mit einer Zutat der Proteine (siehe Seite 22), einer Zutat der Extras (siehe Seite 23), 300 g Gemüse plus 1 TL Fett servieren.

Tipp: Verwenden Sie Quinoa für Eintöpfe und andere Gerichte, zu denen Sie normalerweise Reis kochen. Quinoa schmeckt auch in Salaten lecker! Wenn Sie eine größere Portion kochen, zaubern Sie schnell und einfach einen Salat.

Nährwert: 439 kJ (105 kcal) pro Portion
Eiweiß: 30,0 % | Fett: 6,3 % | Kohlenhydrate: 63,7 %

REZEPTREGISTER

B

Ballaststoff-Roggenbrötchen 144

Ballaststoff-Roggenbrötchen mit Käse, Schinken und gekochtem Ei 44

Beefsteaks mit grobem Gemüsemus und Zucchini 94

Birnen-Vanille-Skyr mit Schokolade 54

Blaubeerglück mit Schokolade 46

Bohnensalat mit Ei und Schinken 72

Bohnensalat mit Feta-Käse 136

E

Erdbeer-Smoothie 30

F

Frikadellen mit gedünstetem Gemüse 86

Frikadellen, grüne 56

Frittata aus dem Ofen mit Hühnchen und Gemüse 120

Frühlingssuppe 84

G

Graupen, geröstete 138

Graupen Orientalisch mit Tomatensalat 118

Graupenrisotto mit roter Paprika 134

H

Hacksteaks mit Hummus, griechische 102

Hacksteaks mit Salat und Petersiliendressing 88

Himbeertraum 148

Hühnchen aus dem Wok 92

Hühnchen in Knoblauchsauce mit Aubergine 106

Hühnchensalat 66

Hühnchensalat mit Teriyakimarinade 78

Hühnchensalat mit Zitrone, warmer 74

K

Kabeljau in Tomatensauce und Mozzarella, gratinierter 100

Kaltschale mit Mandeln 110

Käse-Schinken-Brot „to go" 52

Knäckebrot mit Frischkäse 50

Körnerhappen 146

Koteletts mit Bleichsellerie und Walnusssauce, gefüllte 98

Kürbiskernmüsli mit Erdbeeren 38

L

Lachs aus dem Ofen mit Pistazien und Mohn 122

Lasagne mit Bohnensalat 108

Linsensuppe, marokkanische 112

M

Mandeln, süße gebrannte 58

Mohnknäckebrot mit Schwarzkümmelsamen.................................. 142

Morgenkick...38

Morgensymphonie 32

Muffins, hausgemachte.. 150

P

Pasta mit Spinat und Champignons... 124

Pfannkuchen mit Zimt..40

Pizza mit Paprika 126

Proteinbrötchen-Sandwich mit Füllung 68

Proteinomeletts mit Schinken und Schnittlauch 42

Pute in Gemüse 104

Q

Quesadilla mit Schinken und Käse 76

R

Rinderfrikadellen, pikante...62

Rindergeschnetzeltes mit Graupen und Tomaten, gebratenes...............128

Roggensalat, pikanter..140

Rührei mit Schinken und geröstetem Roggenbrot 34

S

Schokoladenkuchen, „unartiger" 152

Schokoladenmüsli... 60

Schweinefilet mit Bohnen und Bacon... 114

Schweinefilet mit Salsa Picante.. 116

Skyr... 60

Skyr mit Blaubeeren, knackiger 36

T

Thunfischsalat 80

Tomatensuppe mit Hühnchen, schnelle... 90

V

Vanille-Skyr mit Kübiskernmüsli 64

W

Wirsing mit Pute und Bacon, gedünsteter 130

Wrap mit Avocado und Räucherfilet 70

Wrap mit Räucherlachs und Garnelen 82

Z

Zucchini mit Spinatsalat, gefüllte 96

Zucchinisuppe mit Thymian und gebratenem Hühnchen..............132

Zwischenmahlzeit, flotte 48

DANKE ...

... an meine mutigen Kurs-teilnehmer – Pia, Dan und Malene – in der Diätklinik dafür, dass ich eure Achter-bahnfahrt mit Tränen und Glückssprüngen begleiten durfte. Wie toll, mutig und tapfer ihr seid! Und wie schön es war, euch auf dem Weg zum Ziel zu begleiten. Es war sicher nicht einfach, ein Rezept auch beim siebten Versuch noch toll zu finden ...

... an Marck, weil du mir lächelnd den Rücken für dieses Buch gestärkt hast – auch wenn an den Wochen-enden schon mal dicke Luft herrschte.

... an meine beiden Gold-schätze Sophia und Victoria, die für mich eine ständige, täg-liche Inspiration sind. Danke, weil ihr so geduldig wart und mir beim Probieren und Bewerten der Rezepte geholfen habt. Es ist schön zu wissen, dass auch die härtesten Kinderkritiker die Rezepte genehmigt haben.

... für die fantastische Hilfe an meine Nachbarn, Freunde, die Freunde meiner Kinder und an alle Bekannten, die mir beim Probieren und Bewerten der Rezepte geholfen haben.

... an Mama und Papa für eure wunderbare Hilfe in der Küche beim Fotografieren der Rezepte. Ohne euch wäre ich mit dem Abwasch niemals fertiggeworden.

Nicht zuletzt bedanke ich mich bei all meinen Kursteilnehmern, die mich in der Diätklinik Sovi für Ernährungsmedizin besucht haben. Ihr habt mir viel Inspiration gegeben und es war eine Freude, euch bei der Ernährungsumstellung hin zu einem gesünderen Leben zu unterstützen.